I0150771

VOCABOLARIO ARABO EGIZIANO
per studio autodidattico

I vocabolari T&P Books si propongono come strumento di aiuto per apprendere, memorizzare e revisionare l'uso di termini stranieri. Il vocabolario contiene oltre 7000 parole di uso comune ordinate per argomenti.

- Il vocabolario contiene le parole più comunemente usate
- È consigliato in aggiunta ad un corso di lingua
- Risponde alle esigenze degli studenti di lingue straniere sia essi principianti o di livello avanzato
- Pratico per un uso quotidiano, per gli esercizi di revisione e di autovalutazione
- Consente di valutare la conoscenza del proprio lessico

Caratteristiche specifiche del vocabolario:

- Le parole sono ordinate secondo il proprio significato e non alfabeticamente
- Le parole sono riportate in tre colonne diverse per facilitare il metodo di revisione e autovalutazione
- I gruppi di parole sono divisi in sottogruppi per facilitare il processo di apprendimento
- Il vocabolario offre una pratica e semplice trascrizione fonetica per ogni termine straniero

Il vocabolario contiene 198 argomenti tra cui:

Concetti di Base, Numeri, Colori, Mesi, Stagioni, Unità di Misura, Abbigliamento e Accessori, Cibo e Alimentazione, Ristorante, Membri della Famiglia, Parenti, Personalità, Sentimenti, Emozioni, Malattie, Città, Visita Turistica, Acquisti, Denaro, Casa, Ufficio, Lavoro d'Ufficio, Import-export, Marketing, Ricerca di un Lavoro, Sport, Istruzione, Computer, Internet, Utensili, Natura, Paesi, Nazionalità e altro ancora ...

INDICE

T&P BOOKS

ARABO
VOCABOLARIO

PER STUDIO AUTODIDATTICO

ITALIANO-ARABO

Le parole più utili
Per ampliare il proprio lessico e affinare
le proprie abilità linguistiche

7000 parole

Vocabolario Italiano-Arabo egiziano per studio autodidattico - 7000 parole

Di Andrey Taranov

I vocabolari T&P Books si propongono come strumento di aiuto per apprendere, memorizzare e revisionare l'uso di termini stranieri. Il dizionario si divide in vari argomenti che includono la maggior parte delle attività quotidiane, tra cui affari, scienza, cultura, ecc.

Il processo di apprendimento delle parole attraverso i dizionari divisi in liste tematiche della collana T&P Books offre i seguenti vantaggi:

- Le fonti d'informazione correttamente raggruppate garantiscono un buon risultato nella memorizzazione delle parole
- La possibilità di memorizzare gruppi di parole con la stessa radice (piuttosto che memorizzarle separatamente)
- Piccoli gruppi di parole facilitano il processo di apprendimento per associazione, utile al potenziamento lessicale
- Il livello di conoscenza della lingua può essere valutato attraverso il numero di parole apprese

T&P Books Publishing
www.tpbooks.com

ISBN: 978-1-78716-747-6

Questo libro è disponibile anche in formato e-book.
Visitate il sito www.tpbooks.com o le principali librerie online.

GUIDA ALLA PRONUNCIA

Alfabeto fonetico T&P	Esempio arabo egiziano	Esempio italiano
[a]	[ṭaffa] طفّى	macchia
[ā]	[eχtār] إختار	scusare
[e]	[setta] ستّة	meno, leggere
[i]	[minā'] ميناء	vittoria
[ī]	[ebrīl] إبريل	scacchi
[o]	[oɣosṭos] أغسطس	notte
[ō]	[ḥalazōn] حلزون	coordinare
[u]	[kalkutta] كلكتا	prugno
[ū]	[gamūs] جاموس	luccio
[b]	[bedāya] بداية	bianco
[d]	[sa'āda] سعادة	doccia
[ḍ]	[waḍ'] وضع	[d] faringale
[ʒ]	[arʒantīn] الأرجنتين	beige
[ẓ]	[ẓahar] ظهر	[z] faringale
[f]	[χafīf] خفيف	ferrovia
[g]	[bahga] بهجة	guerriero
[h]	[ettegāh] إتّجاه	[h] aspirate
[ḥ]	[ḥabb] حبّ	[h] faringale
[y]	[dahaby] ذهبي	New York
[k]	[korsy] كرسي	cometa
[l]	[lammaḥ] لمّح	saluto
[m]	[marṣad] مرصد	mostra
[n]	[ganūb] جنوب	novanta
[p]	[kaputʃino] كابتشينو	pieno
[q]	[wasaq] وثق	cometa
[r]	[roḥe] روح	ritmo, raro
[s]	[soχreya] سخرية	sapere
[ṣ]	[me'ṣam] معصم	[s] faringale
[ʃ]	['aʃā'] عشاء	ruscello
[t]	[tanūb] تنوب	tattica
[ṭ]	[χarīṭa] خريطة	[t] faringale
[θ]	[mamūθ] ماموث	Toscana (dialetto toscano)
[v]	[vietnām] فيتنام	volare
[w]	[wadda'] ودّع	week-end
[χ]	[baχīl] بخيل	[h] dolce
[ɣ]	[etɣadda] إتغدّى	simile gufo, gatto
[z]	[me'za] معزة	rosa

Alfabeto fonetico T&P	Esempio arabo egiziano	Esempio italiano
[ʿ] (ayn)	[sabʿa] سبعة	fricativa faringale sonora
[ʾ] (hamza)	[saʾal] سأل	occlusiva glottidale sorda

ABBREVIAZIONI
usate nel vocabolario

Arabo egiziano. Abbreviazioni

du	-	sostantivo plurale (duale)
f	-	sostantivo femminile
m	-	sostantivo maschile
pl	-	plurale

Italiano. Abbreviazioni

agg	-	aggettivo
anim.	-	animato
avv	-	avverbio
cong	-	congiunzione
ecc.	-	eccetera
f	-	sostantivo femminile
f pl	-	femminile plurale
fem.	-	femminile
form.	-	formale
inanim.	-	inanimato
inform.	-	familiare
m	-	sostantivo maschile
m pl	-	maschile plurale
m, f	-	maschile, femminile
masc.	-	maschile
mil.	-	militare
pl	-	plurale
pron	-	pronome
qc	-	qualcosa
qn	-	qualcuno
sing.	-	singolare
v aus	-	verbo ausiliare
vi	-	verbo intransitivo
vi, vt	-	verbo intransitivo, transitivo
vr	-	verbo riflessivo
vt	-	verbo transitivo

CONCETTI DI BASE

Concetti di base. Parte 1

1. Pronomi

io	ana	أنا
tu (masc.)	enta	أنت
tu (fem.)	enty	أنت
lui	howwa	هوّ
lei	hiya	هيّ
noi	eḥna	إحنا
voi	antom	أنتم
loro	hamm	همّ

2. Saluti. Convenevoli. Saluti di congedo

Buongiorno!	assalamu ʿalaykum!	السلام عليكم!
Buongiorno! (la mattina)	ṣabāḥ el χeyr!	صباح الخير!
Buon pomeriggio!	neharak saʿīd!	نهارك سعيد!
Buonasera!	masāʾ el χeyr!	مساء الخير!
salutare (vt)	sallem	سلّم
Ciao! Salve!	ahlan!	أهلاً!
saluto (m)	salām (m)	سلام
salutare (vt)	sallem ʿala	سلّم على
Come sta? Come stai?	ezzayek?	ازّيك؟
Che c'è di nuovo?	aχbārak eyh?	أخبارك ايه؟
Arrivederci!	maʿ el salāma!	مع السلامة!
A presto!	aʃūfak orayeb!	أشوفك قريب!
Addio!	maʿ el salāma!	مع السلامة!
congedarsi (vr)	waddaʿ	ودّع
Ciao! (A presto!)	bay bay!	باي باي!
Grazie!	ʃokran!	شكراً!
Grazie mille!	ʃokran geddan!	شكراً جداً!
Prego	el ʿafw	العفو
Non c'è di che!	la ʃokr ʿala wāgeb	لا شكر على واجب
Di niente	el ʿafw	العفو
Scusa!	ʿan eznak!	عن إذنك!
Scusi!	baʿd ezn ḥadretak!	بعد إذن حضرتك!
scusare (vt)	ʿazar	عذر
scusarsi (vr)	eʿtazar	أعتذر

Chiedo scusa	ana 'āsef	أنا آسف
Mi perdoni!	ana 'āsef!	أنا آسف!
perdonare (vt)	'afa	عفا
per favore	men faḍlak	من فضلك
Non dimentichi!	ma tensāʃ!	ما تنساش!
Certamente!	ṭab'an!	طبعاً!
Certamente no!	la' ṭab'an!	لأ طبعاً!
D'accordo!	ettafa'na!	إتّفقنا!
Basta!	kefāya!	كفاية!

3. Numeri cardinali. Parte 1

zero (m)	ṣefr	صفر
uno	wāḥed	واحد
una	waḥda	واحدة
due	etneyn	إتنين
tre	talāta	ثلاثة
quattro	arba'a	أربعة
cinque	χamsa	خمسة
sei	setta	ستّة
sette	sab'a	سبعة
otto	tamanya	ثمانية
nove	tes'a	تسعة
dieci	'aʃara	عشرة
undici	ḥedāʃar	حداشر
dodici	etnāʃar	إتناشر
tredici	talattāʃar	تلاتّاشر
quattordici	arba'tāʃer	أربعتاشر
quindici	χamastāʃer	خمستاشر
sedici	settāʃar	ستّاشر
diciassette	saba'tāʃar	سبعتاشر
diciotto	tamantāʃar	تمنتاشر
diciannove	tes'atāʃar	تسعتاشر
venti	'eʃrīn	عشرين
ventuno	wāḥed we 'eʃrīn	واحد وعشرين
ventidue	etneyn we 'eʃrīn	إتنين وعشرين
ventitre	talāta we 'eʃrīn	ثلاثة وعشرين
trenta	talatīn	ثلاثين
trentuno	wāḥed we talatīn	واحد وتلاتين
trentadue	etneyn we talatīn	إتنين وتلاتين
trentatre	talāta we talatīn	ثلاثة وثلاثين
quaranta	arbe'īn	أربعين
quarantuno	wāḥed we arbe'īn	واحد وأربعين
quarantadue	etneyn we arbe'īn	إتنين وأربعين
quarantatre	talāta we arbe'īn	ثلاثة وأربعين
cinquanta	χamsīn	خمسين
cinquantuno	wāḥed we χamsīn	واحد وخمسين

cinquantadue	etneyn we χamsīn	إتنين وخمسين
cinquantatre	talāta we χamsīn	ثلاثة وخمسين
sessanta	settīn	ستّين
sessantuno	wāḥed we settīn	واحد وستّين
sessantadue	etneyn we settīn	إتنين وستّين
sessantatre	talāta we settīn	ثلاثة وستّين
settanta	sab'īn	سبعين
settantuno	wāḥed we sab'īn	واحد وسبعين
settantadue	etneyn we sab'īn	إتنين وسبعين
settantatre	talāta we sab'īn	ثلاثة وسبعين
ottanta	tamanīn	ثمانين
ottantuno	wāḥed we tamanīn	واحد وتمانين
ottantadue	etneyn we tamanīn	إتنين وتمانين
ottantatre	talāta we tamanīn	ثلاثة وثمانين
novanta	tes'īn	تسعين
novantuno	wāḥed we tes'īn	واحد وتسعين
novantadue	etneyn we tes'īn	إتنين وتسعين
novantatre	talāta we tes'īn	ثلاثة وتسعين

4. Numeri cardinali. Parte 2

cento	miya	ميّة
duecento	meteyn	ميتين
trecento	toltomiya	تلتميّة
quattrocento	rob'omiya	ربعميّة
cinquecento	χomsomiya	خمسميّة
seicento	sotomiya	ستميّة
settecento	sob'omiya	سبعميّة
ottocento	tomnome'a	ثمنمئة
novecento	tos'omiya	تسعميّة
mille	alf	ألف
duemila	alfeyn	ألفين
tremila	talat 'ālāf	ثلاث آلاف
diecimila	'aʃaret 'ālāf	عشرة آلاف
centomila	mīt alf	ميت ألف
milione (m)	millyon (m)	مليون
miliardo (m)	millyār (m)	مليار

5. Numeri. Frazioni

frazione (f)	kasr (m)	كسر
un mezzo	noṣṣ	نصّ
un terzo	telt	ثلث
un quarto	rob'	ربع
un ottavo	tomn	تمن
un decimo	'oʃr	عشر

due terzi	teleyn	تلتين
tre quarti	talātet arbāʿ	ثلاثة أرباع

6. Numeri. Operazioni aritmetiche di base

sottrazione (f)	ṭarḥ (m)	طرح
sottrarre (vt)	ṭaraḥ	طرح
divisione (f)	ʾesma (f)	قسمة
dividere (vt)	ʾasam	قسم
addizione (f)	gamʿ (m)	جمع
addizionare (vt)	gamaʿ	جمع
aggiungere (vt)	gamaʿ	جمع
moltiplicazione (f)	ḍarb (m)	ضرب
moltiplicare (vt)	ḍarab	ضرب

7. Numeri. Varie

cifra (f)	raqam (m)	رقم
numero (m)	ʿadad (m)	عدد
numerale (m)	ʿadady (m)	عددي
meno (m)	nāʾeṣ (m)	ناقص
più (m)	zāʾed (m)	زائد
formula (f)	moʿadla (f)	معادلة
calcolo (m)	ḥesāb (m)	حساب
contare (vt)	ʿadd	عدّ
calcolare (vt)	ḥasab	حسب
comparare (vt)	qāran	قارن
Quanto? Quanti?	kām?	كام؟
somma (f)	magmūʿ (m)	مجموع
risultato (m)	natīga (f)	نتيجة
resto (m)	bāʾy (m)	باقي
qualche ...	kām	كام
un po' di ...	ʃewaya	شوية
resto (m)	el bāʾy (m)	الباقي
uno e mezzo	wāḥed w noṣṣ (m)	واحد ونصّ
dozzina (f)	desta (f)	دستة
in due	le noṣṣeyn	لنصّين
in parti uguali	bel tasāwy	بالتساوى
metà (f), mezzo (m)	noṣṣ (m)	نصّ
volta (f)	marra (f)	مرّة

8. I verbi più importanti. Parte 1

accorgersi (vr)	lāḥaẓ	لاحظ
afferrare (vt)	mesek	مسك

affittare (dare in affitto)	est'gar	إستأجر
aiutare (vt)	sā'ed	ساعد
amare (qn)	ḥabb	حبّ
andare (camminare)	meʃy	مشى
annotare (vt)	katab	كتب
appartenere (vi)	χaṣṣ	خصّ
aprire (vt)	fataḥ	فتح
arrivare (vi)	weṣel	وصل
aspettare (vt)	estanna	إستنّى
avere (vt)	malak	ملك
avere fame	'āyez 'ākol	عايز آكل
avere fretta	esta'gel	إستعجل
avere paura	χāf	خاف
avere sete	'āyez aʃrab	عايز أشرب
avvertire (vt)	ḥazzar	حذّر
cacciare (vt)	eṣṭād	اصطاد
cadere (vi)	we'e'	وقع
cambiare (vt)	ɣayar	غيّر
capire (vt)	fehem	فهم
cenare (vi)	et'asʃa	إتعشّى
cercare (vt)	dawwar 'ala	دوّر على
cessare (vt)	baṭṭal	بطّل
chiedere (~ aiuto)	estaɣās	إستغاث
chiedere (domandare)	sa'al	سأل
cominciare (vt)	bada'	بدأ
comparare (vt)	qāran	قارن
confondere (vt)	etlaχbaṭ	إتلخبط
conoscere (qn)	'eref	عرف
conservare (vt)	ḥafaẓ	حفظ
consigliare (vt)	naṣaḥ	نصح
contare (calcolare)	'add	عدّ
contare su ...	e'tamad 'ala ...	إعتمد على...
continuare (vt)	wāṣel	واصل
controllare (vt)	et-ḥakkem	إتحكّم
correre (vi)	gery	جري
costare (vt)	kallef	كلّف
creare (vt)	'amal	عمل
cucinare (vi)	ḥaḍḍar	حضّر

9. I verbi più importanti. Parte 2

dare (vt)	edda	إدّى
dare un suggerimento	edda lamḥa	إدّى لمحة
decorare (adornare)	zayen	زيّن
difendere (~ un paese)	dāfa'	دافع
dimenticare (vt)	nesy	نسي
dire (~ la verità)	'āl	قال

dirigere (compagnia, ecc.)	adār	أدار
discutere (vt)	nā'eʃ	ناقش
domandare (vt)	ṭalab	طلب
dubitare (vi)	ʃakk fe	شكّ في
entrare (vi)	daχal	دخل
esigere (vt)	ṭāleb	طالب
esistere (vi)	kān mawgūd	كان موّجود
essere (vi)	kān	كان
essere d'accordo	ettafa'	إتّفق
fare (vt)	'amal	عمل
fare colazione	feṭer	فطر
fare il bagno	sebeḥ	سبح
fermarsi (vr)	wa''af	وقّف
fidarsi (vr)	wasaq	وثق
finire (vt)	χallaṣ	خلّص
firmare (~ un documento)	waqqa'	وقّع
giocare (vi)	le'eb	لعب
girare (~ a destra)	ḥād	حاد
gridare (vi)	ṣarraχ	صرّخ
indovinare (vt)	χammen	خمّن
informare (vt)	'āl ly	قال لي
ingannare (vt)	χada'	خدع
insistere (vi)	aṣarr	أصر
insultare (vt)	ahān	أهان
interessarsi di ...	ehtamm be	إهتمّ بـ
invitare (vt)	'azam	عزم
lamentarsi (vr)	ʃaka	شكا
lasciar cadere	wa''a'	وقّع
lavorare (vi)	eʃtaɣal	إشتغل
leggere (vi, vt)	'ara	قرأ
liberare (vt)	ḥarrar	حرّر

10. I verbi più importanti. Parte 3

mancare le lezioni	ɣāb	غاب
mandare (vt)	arsal	أرسل
menzionare (vt)	zakar	ذكر
minacciare (vt)	hadded	هدّد
mostrare (vt)	warra	ورّى
nascondere (vt)	χabba	خبّأ
nuotare (vi)	'ām	عام
obiettare (vt)	e'tarad	إعترض
occorrere (vimp)	maṭlūb	مطلوب
ordinare (~ il pranzo)	ṭalab	طلب
ordinare (mil.)	amar	أمر
osservare (vt)	rāqab	راقب

pagare (vi, vt)	dafaʿ	دفع
parlare (vi, vt)	kallem	كلّم
partecipare (vi)	ʃārek	شارك
pensare (vi, vt)	fakkar	فكّر
perdonare (vt)	ʿafa	عفا
permettere (vt)	samaḥ	سمح
piacere (vi)	ʿagab	عجب
piangere (vi)	baka	بكى
pianificare (vt)	χaṭṭeṭ	خطّط
possedere (vt)	malak	ملك
potere (v aus)	ʾeder	قدر
pranzare (vi)	etɣadda	إتغدّى
preferire (vt)	faḍḍal	فضّل
pregare (vi, vt)	ṣalla	صلّى
prendere (vt)	aχad	أخد
prevedere (vt)	tanabbaʾ	تنبّأ
promettere (vt)	waʿad	وعد
pronunciare (vt)	naṭaʾ	نطق
proporre (vt)	ʿaraḍ	عرض
punire (vt)	ʿāqab	عاقب
raccomandare (vt)	naṣaḥ	نصح
ridere (vi)	ḍeḥek	ضحك
rifiutarsi (vr)	rafaḍ	رفض
rincrescere (vi)	nedem	ندم
ripetere (ridire)	karrar	كرّر
riservare (vt)	ḥagaz	حجز
rispondere (vi, vt)	gāwab	جاوب
rompere (spaccare)	kasar	كسر
rubare (~ i soldi)	saraʾ	سرق

11. I verbi più importanti. Parte 4

salvare (~ la vita a qn)	anqaz	أنقذ
sapere (vt)	ʿeref	عرف
sbagliare (vi)	ɣeleṭ	غلط
scavare (vt)	ḥafar	حفر
scegliere (vt)	eχtār	إختار
scendere (vi)	nezel	نزل
scherzare (vi)	hazzar	هزّر
scrivere (vt)	katab	كتب
scusarsi (vr)	eʿtazar	إعتذر
sedersi (vr)	ʾaʿad	قعد
seguire (vt)	tatabbaʿ	تتبّع
sgridare (vt)	wabbeχ	وبّخ
significare (vt)	ʾaṣad	قصد
sorridere (vi)	ebtasam	إبتسم
sottovalutare (vt)	estaχaff	إستخفّ

sparare (vi)	ḍarab bel nār	ضرب بالنار
sperare (vi, vt)	tamanna	تمنّى
spiegare (vt)	ʃaraḥ	شرح
studiare (vt)	daras	درس
stupirsi (vr)	etfāge'	إتفاجئ
tacere (vi)	seket	سكت
tentare (vt)	ḥāwel	حاول
toccare (~ con le mani)	lamas	لمس
tradurre (vt)	targem	ترجم
trovare (vt)	la'a	لقى
uccidere (vt)	'atal	قتل
udire (percepire suoni)	seme'	سمِع
unire (vt)	waḥḥed	وحّد
uscire (vi)	χarag	خرج
vantarsi (vr)	tabāha	تباهى
vedere (vt)	ʃāf	شاف
vendere (vt)	bā'	باع
volare (vi)	ṭār	طار
volere (desiderare)	'āyez	عايز

12. Colori

colore (m)	lone (m)	لون
sfumatura (f)	daraget el lōn (m)	درجة اللون
tono (m)	ṣabɣet lōn (f)	صبغة اللون
arcobaleno (m)	qose qozaḥ (m)	قوس قزح
bianco (agg)	abyaḍ	أبيض
nero (agg)	aswad	أسود
grigio (agg)	romādy	رمادي
verde (agg)	aχḍar	أخضر
giallo (agg)	aṣfar	أصفر
rosso (agg)	aḥmar	أحمر
blu (agg)	azra'	أزرق
azzurro (agg)	azra' fāteḥ	أزرق فاتح
rosa (agg)	wardy	وردي
arancione (agg)	bortoqāly	برتقاليّ
violetto (agg)	banaffsegy	بنفّسجي
marrone (agg)	bonny	بنّي
d'oro (agg)	dahaby	ذهبِي
argenteo (agg)	feḍḍy	فضّي
beige (agg)	bɛ:ʒ	بيج
color crema (agg)	'āgy	عاجّي
turchese (agg)	fayrūzy	فيروزي
rosso ciliegia (agg)	aḥmar karazy	أحمر كرزي
lilla (agg)	laylaky	ليّلكي
rosso lampone (agg)	qormozy	قرمزي

chiaro (agg)	fāteḥ	فاتح
scuro (agg)	ɣāme'	غامق
vivo, vivido (agg)	zāhy	زاهي
colorato (agg)	melawwen	ملوّن
a colori	melawwen	ملوّن
bianco e nero (agg)	abyaḍ we aswad	أبيض وأسوّد
in tinta unita	sāda	سادة
multicolore (agg)	mota'added el alwān	متعدّد الألوان

13. Domande

Chi?	mīn?	مين؟
Che cosa?	eyh?	ايه؟
Dove? (in che luogo?)	feyn?	فين؟
Dove? (~ vai?)	feyn?	فين؟
Di dove?, Da dove?	meneyn?	منين؟
Quando?	emta	امتى؟
Perché? (per quale scopo?)	'aʃān eyh?	عشان ايه؟
Perché? (per quale ragione?)	leyh?	ليه؟
Per che cosa?	l eyh?	لـ ليه؟
Come?	ezāy?	إزاي؟
Che? (~ colore è?)	eyh?	ايه؟
Quale?	ayī?	أيّ؟
A chi?	le mīn?	لمين؟
Di chi?	'an mīn?	عن مين؟
Di che cosa?	'an eyh?	عن أيه؟
Con chi?	ma' mīn?	مع مين؟
Quanti?, Quanto?	kām?	كام؟
Di chi?	betā'et mīn?	بتاعت مين؟

14. Parole grammaticali. Avverbi. Parte 1

Dove?	feyn?	فين؟
qui (in questo luogo)	hena	هنا
lì (in quel luogo)	henāk	هناك
da qualche parte (essere ~)	fe makānen ma	في مكان ما
da nessuna parte	meʃ fi ayī makān	مش في أيّ مكان
vicino a ...	ganb	جنب
vicino alla finestra	ganb el ʃebbāk	جنب الشبّاك
Dove?	feyn?	فين؟
qui (vieni ~)	hena	هنا
ci (~ vado stasera)	henāk	هناك
da qui	men hena	من هنا
da lì	men henāk	من هناك
vicino, accanto (avv)	'arīb	قريب

lontano (avv)	beʿīd	بعيد
vicino (~ a Parigi)	ʿand	عند
vicino (qui ~)	ʾarīb	قريب
non lontano	meʃ beʿīd	مش بعيد
sinistro (agg)	el ʃemāl	الشمال
a sinistra (rimanere ~)	ʿalal ʃemāl	على الشمال
a sinistra (girare ~)	lel ʃemāl	للشمال
destro (agg)	el yemīn	اليمين
a destra (rimanere ~)	ʿalal yemīn	على اليمين
a destra (girare ~)	lel yemīn	لليمين
davanti	ʾoddām	قدّام
anteriore (agg)	amāmy	أمامي
avanti	ela el amām	إلى الأمام
dietro (avv)	waraʾ	وراء
da dietro	men wara	من ورّا
indietro	le wara	لورّا
mezzo (m), centro (m)	wasaṭ (m)	وسط
in mezzo, al centro	fel wasat	في الوسط
di fianco	ʿala ganb	على جنب
dappertutto	fe kol makān	في كل مكان
attorno	ḥawaleyn	حوالين
da dentro	men gowwah	من جوّه
da qualche parte (andare ~)	le ʾayī makān	لأي مكان
dritto (direttamente)	ʿala ṭūl	على طول
indietro	rogūʿ	رجوع
da qualsiasi parte	men ayī makān	من أيّ مكان
da qualche posto (veniamo ~)	men makānen mā	من مكان ما
in primo luogo	awwalan	أوّلاً
in secondo luogo	sāneyan	ثانياً
in terzo luogo	sālesan	ثالثاً
all'improvviso	fagʾa	فجأة
all'inizio	fel bedāya	في البداية
per la prima volta	le ʾawwel marra	لأوّل مرّة
molto tempo prima di...	ʾabl ... be modda ṭawīla	قبل... بمدة طويلة
di nuovo	men gedīd	من جديد
per sempre	lel abad	للأبد
mai	abadan	أبداً
ancora	tāny	تاني
adesso	delwaʾty	دلوقتي
spesso (avv)	ketīr	كثير
allora	waʾtaha	وقتها
urgentemente	ʿala ṭūl	على طول
di solito	ʿādatan	عادةً
a proposito, ...	ʿala fekra ...	على فكرة...

è possibile	momken	ممكن
probabilmente	momken	ممكن
forse	momken	ممكن
inoltre ...	bel eḍāfa ela ...	بالإضافة إلى...
ecco perché ...	ʻaʃān keda	عشان كده
nonostante (~ tutto)	bel raɣm men ...	بالرغم من...
grazie a ...	be faḍl ...	بفضل...
che cosa (pron)	elly	إللي
che (cong)	ennu	إنّه
qualcosa (qualsiasi cosa)	ḥāga (f)	حاجة
qualcosa (le serve ~?)	ayī ḥāga (f)	أيّ حاجة
niente	wala ḥāga	ولا حاجة
chi (pron)	elly	إللي
qualcuno (annuire a ~)	ḥadd	حدّ
qualcuno (dipendere da ~)	ḥadd	حدّ
nessuno	wala ḥadd	ولا حدّ
da nessuna parte	meʃ le wala makān	مش لـ ولا مكان
di nessuno	wala ḥadd	ولا حدّ
di qualcuno	le ḥadd	لحدّ
così (era ~ arrabbiato)	geddan	جداً
anche (penso ~ a ...)	kamān	كمان
anche, pure	kamān	كمان

15. Parole grammaticali. Avverbi. Parte 2

Perché?	leyh?	ليه؟
per qualche ragione	le sabeben ma	لسبب ما
perché ...	ʻaʃān ...	... عشان
per qualche motivo	le hadafen mā	لهدف ما
e (cong)	w	و
o (sì ~ no?)	walla	ولّلا
ma (però)	bass	بسّ
per (~ me)	ʻaʃān	عشان
troppo	ketīr geddan	كتير جدّاً
solo (avv)	bass	بسّ
esattamente	bel ḍabṭ	بالضبط
circa (~ 10 dollari)	naḥw	نحو
approssimativamente	naḥw	نحو
approssimativo (agg)	taqrīby	تقريبي
quasi	taʼrīban	تقريباً
resto	el bāʼy (m)	الباقي
ogni (agg)	koll	كلّ
qualsiasi (agg)	ayī	أيّ
molti, molto	ketīr	كتير
molta gente	nās ketīr	ناس كتير
tutto, tutti	koll el nās	كلّ الناس

in cambio di ...	fi moqābel ...	... في مقابل
in cambio	fe moqābel	في مقابل
a mano (fatto ~)	bel yad	باليد
poco probabile	bel kād	بالكاد
probabilmente	momken	ممكن
apposta	bel 'aṣd	بالقصد
per caso	bel ṣodfa	بالصدفة
molto (avv)	'awy	قوي
per esempio	masalan	مثلاً
fra (~ due)	beyn	بين
fra (~ più di due)	wesṭ	وسط
tanto (quantità)	ketīr	كتير
soprattutto	χāṣṣa	خاصّة

Concetti di base. Parte 2

16. Giorni della settimana

lunedì (m)	el etneyn (m)	الإتنين
martedì (m)	el talāt (m)	التلات
mercoledì (m)	el arbe'ā' (m)	الأربعاء
giovedì (m)	el χamīs (m)	الخميس
venerdì (m)	el gom'a (m)	الجمعة
sabato (m)	el sabt (m)	السبت
domenica (f)	el aḥad (m)	الأحد
oggi (avv)	el naharda	النهارده
domani	bokra	بكرة
dopodomani	ba'd bokra (m)	بعد بكرة
ieri (avv)	embāreḥ	امبارح
l'altro ieri	awwel embāreḥ	أوّل امبارح
giorno (m)	yome (m)	يوم
giorno (m) lavorativo	yome 'amal (m)	يوم عمل
giorno (m) festivo	agāza rasmiya (f)	أجازة رسميّة
giorno (m) di riposo	yome el agāza (m)	يوم أجازة
fine (m) settimana	nehāyet el osbū' (f)	نهاية الأسبوع
tutto il giorno	ṭūl el yome	طول اليوم
l'indomani	fel yome elly ba'dīh	في اليوم اللي بعديه
due giorni fa	men yomeyn	من يومين
il giorno prima	fel yome elly 'ablo	في اليوم اللي قبله
quotidiano (agg)	yawmy	يومي
ogni giorno	yawmiyan	يومياً
settimana (f)	osbū' (m)	أسبوع
la settimana scorsa	el esbū' elly fāt	الأسبوع اللي فات
la settimana prossima	el esbū' elly gayī	الأسبوع اللي جاي
settimanale (agg)	osbū'y	أسبوعي
ogni settimana	osbū'iyan	أسبوعياً
due volte alla settimana	marreteyn fel osbū'	مرّتين في الأسبوع
ogni martedì	koll solasā'	كلّ ثلاثاء

17. Ore. Giorno e notte

mattina (f)	ṣobḥ (m)	صبح
di mattina	fel ṣobḥ	في الصبح
mezzogiorno (m)	ẓohr (m)	ظهر
nel pomeriggio	ba'd el ḍohr	بعد الظهر
sera (f)	leyl (m)	ليل
di sera	bel leyl	بالليل

notte (f)	leyl (m)	ليل
di notte	bel leyl	بالليل
mezzanotte (f)	noṣṣ el leyl (m)	نصّ الليل
secondo (m)	sanya (f)	ثانية
minuto (m)	deʾīʾa (f)	دقيقة
ora (f)	sāʿa (f)	ساعة
mezzora (f)	noṣṣ sāʿa (m)	نصّ ساعة
un quarto d'ora	robʿ sāʿa (f)	ربع ساعة
quindici minuti	χamastāʃer deʾīʾa	خمستاشر دقيقة
ventiquattro ore	arbaʿa we ʿeʃrīn sāʿa	أربعة وعشرين ساعة
levata (f) del sole	ʃorūʾ el ʃams (m)	شروق الشمس
alba (f)	fagr (m)	فجر
mattutino (m)	ṣobḥ badry (m)	صبح بدري
tramonto (m)	ɣorūb el ʃams (m)	غروب الشمس
di buon mattino	el ṣobḥ badry	الصبح بدري
stamattina	el naharda el ṣobḥ	النهاردة الصبح
domattina	bokra el ṣobḥ	بكرة الصبح
oggi pomeriggio	el naharda baʿd el ḍohr	النهاردة بعد الظهر
nel pomeriggio	baʿd el ḍohr	بعد الظهر
domani pomeriggio	bokra baʿd el ḍohr	بكرة بعد الظهر
stasera	el naharda bel leyl	النهاردة بالليل
domani sera	bokra bel leyl	بكرة بالليل
alle tre precise	es sāʿa talāta bel ḍabṭ	الساعة تلاتة بالضبط
verso le quattro	es sāʿa arbaʿa taʾrīban	الساعة أربعة تقريبا
per le dodici	ḥatt es sāʿa etnāʃar	حتى الساعة إتناشر
fra venti minuti	fe χelāl ʿeʃrīn deʿeeʿa	في خلال عشرين دقيقة
fra un'ora	fe χelāl sāʿa	في خلال ساعة
puntualmente	fe mawʿedo	في موعده
un quarto di ...	ella robʿ	إلّلا ربع
entro un'ora	χelāl sāʿa	خلال ساعة
ogni quindici minuti	koll robʿ sāʿa	كلّ ربع ساعة
giorno e notte	leyl nahār	ليل نهار

18. Mesi. Stagioni

gennaio (m)	yanāyer (m)	يناير
febbraio (m)	febrāyer (m)	فبراير
marzo (m)	māres (m)	مارس
aprile (m)	ebrīl (m)	إبريل
maggio (m)	māyo (m)	مايو
giugno (m)	yonyo (m)	يونيو
luglio (m)	yolyo (m)	يوليو
agosto (m)	oɣosṭos (m)	أغسطس
settembre (m)	sebtamber (m)	سبتمبر
ottobre (m)	oktober (m)	أكتوبر
novembre (m)	november (m)	نوفمبر

dicembre (m)	desember (m)	ديسمبر
primavera (f)	rabee' (m)	ربيع
in primavera	fel rabee'	في الربيع
primaverile (agg)	rabee'y	ربيعي
estate (f)	ṣeyf (m)	صيف
in estate	fel ṣeyf	في الصيف
estivo (agg)	ṣeyfy	صيفي
autunno (m)	χarīf (m)	خريف
in autunno	fel χarīf	في الخريف
autunnale (agg)	χarīfy	خريفي
inverno (m)	ʃetā' (m)	شتاء
in inverno	fel ʃetā'	في الشتاء
invernale (agg)	ʃetwy	شتوّي
mese (m)	ʃahr (m)	شهر
questo mese	fel ʃahr da	في الشهر ده
il mese prossimo	el ʃahr el gayī	الشهر الجايّ
il mese scorso	el ʃahr elly fāt	الشهر اللي فات
un mese fa	men ʃahr	من شهر
fra un mese	ba'd ʃahr	بعد شهر
fra due mesi	ba'd ʃahreyn	بعد شهرين
un mese intero	el ʃahr kollo	الشهر كلّه
per tutto il mese	ṭawāl el ʃahr	طوال الشهر
mensile (rivista ~)	ʃahry	شهري
mensilmente	ʃahry	شهري
ogni mese	koll ʃahr	كلّ شهر
due volte al mese	marroteyn fel ʃahr	مرّتين في الشهر
anno (m)	sana (f)	سنة
quest'anno	el sana di	السنة دي
l'anno prossimo	el sana el gaya	السنة الجايّة
l'anno scorso	el sana elly fātet	السنة اللي فاتت
un anno fa	men sana	من سنة
fra un anno	ba'd sana	بعد سنة
fra due anni	ba'd sanateyn	بعد سنتين
un anno intero	el sana kollaha	السنة كلّها
per tutto l'anno	ṭūl el sana	طول السنة
ogni anno	koll sana	كلّ سنة
annuale (agg)	sanawy	سنوّي
annualmente	koll sana	كلّ سنة
quattro volte all'anno	arba' marrāt fel sana	أربع مرات في السنة
data (f) (~ di oggi)	tarīχ (m)	تاريخ
data (f) (~ di nascita)	tarīχ (m)	تاريخ
calendario (m)	natīga (f)	نتيجة
mezz'anno (m)	noṣṣ sana	نصّ سنة
semestre (m)	settet aʃ-hor (f)	ستّة أشهر
stagione (f) (estate, ecc.)	faṣl (m)	فصل
secolo (m)	qarn (m)	قرن

19. Orario. Varie

tempo (m)	wa't (m)	وقت
istante (m)	laḥza (f)	لحظة
momento (m)	laḥza (f)	لحظة
istantaneo (agg)	laḥza	لحظة
periodo (m)	fatra (f)	فترة
vita (f)	ḥayah (f)	حياة
eternità (f)	abadiya (f)	أبديّة
epoca (f)	ʿahd (m)	عهد
era (f)	ʿaṣr (m)	عصر
ciclo (m)	dawra (f)	دوّرة
periodo (m)	fatra (f)	فترة
scadenza (f)	fatra (f)	فترة
futuro (m)	el mostaqbal (m)	المستقبل
futuro (agg)	elly gayī	اللي جاي
la prossima volta	el marra el gaya	المرّة الجايّة
passato (m)	el māḍy (m)	الماضي
scorso (agg)	elly fāt	اللي فات
la volta scorsa	el marra elly fātet	المرّة اللي فاتت
più tardi	baʿdeyn	بعدين
dopo	baʿd	بعد
oggigiorno	el ayām di	الأيام دي
adesso, ora	delwa'ty	دلوّقتي
immediatamente	ḥālan	حالاً
fra poco, presto	'arīb	قريب
in anticipo	mo'addaman	مقدّماً
tanto tempo fa	men zamān	من زمان
di recente	men 'orayeb	من قريّب
destino (m)	maṣīr (m)	مصير
ricordi (m pl)	zekra (f)	زكرى
archivio (m)	arʃīf (m)	أرشيف
durante ...	esnā'...	إثناء...
a lungo	modda ṭawīla	مدّة طويلة
per poco tempo	le fatra 'aṣīra	لفترة قصيرة
presto (al mattino ~)	badry	بدري
tardi (non presto)	met'akχer	متأخّر
per sempre	lel abad	للأبد
cominciare (vt)	bada'	بدأ
posticipare (vt)	aggel	أجّل
simultaneamente	fe nafs el waqt	في نفس الوقت
tutto il tempo	be ʃakl dā'em	بشكل دائم
costante (agg)	mostamerr	مستمرّ
temporaneo (agg)	mo'akkatan	مؤقتاً
a volte	saʿāt	ساعات
raramente	nāderan	نادراً
spesso (avv)	ketīr	كثير

20. Contrari

ricco (agg)	ɣany	غني
povero (agg)	fa'īr	فقير
malato (agg)	marīḍ	مريض
sano (agg)	salīm	سليم
grande (agg)	kebīr	كبير
piccolo (agg)	ṣaɣīr	صغير
rapidamente	bosor'a	بسرعة
lentamente	bo boṭ'	ببطء
veloce (agg)	saree'	سريع
lento (agg)	baṭī'	بطيء
allegro (agg)	farḥān	فرحان
triste (agg)	ḥazīn	حزين
insieme	ma' ba'ḍ	مع بعض
separatamente	le waḥdo	لوحده
ad alta voce (leggere ~)	beṣote 'āly	بصوت عالي
in silenzio	beṣamt	بصمت
alto (agg)	'āly	عالي
basso (agg)	wāṭy	واطي
profondo (agg)	'amīq	عميق
basso (agg)	ḍaḥl	ضحل
sì	aywa	أيوه
no	la'	لأ
lontano (agg)	be'īd	بعيد
vicino (agg)	'arīb	قريب
lontano (avv)	be'īd	بعيد
vicino (avv)	'arīb	قريب
lungo (agg)	ṭawīl	طويل
corto (agg)	'aṣīr	قصير
buono (agg)	ṭayeb	طيّب
cattivo (agg)	ʃerrīr	شرير
sposato (agg)	metgawwez	متجوّز
celibe (agg)	a'zab	أعزب
vietare (vt)	mana'	منع
permettere (vt)	samaḥ	سمح
fine (f)	nehāya (f)	نهاية
inizio (m)	bedāya (f)	بداية

sinistro (agg)	el ʃemāl	الشمال
destro (agg)	el yemīn	اليمين
primo (agg)	awwel	أوّل
ultimo (agg)	ʾāχer	آخر
delitto (m)	garīma (f)	جريمة
punizione (f)	ʿeqāb (m)	عقاب
ordinare (vt)	amar	أمر
obbedire (vi)	ṭāʿ	طاع
dritto (agg)	mostaqīm	مستقيم
curvo (agg)	monḥany	منحني
paradiso (m)	el ganna (f)	الجنّة
inferno (m)	el gaḥīm (f)	الجحيم
nascere (vi)	etwalad	إتولّد
morire (vi)	māt	مات
forte (agg)	ʾawy	قوّي
debole (agg)	ḍaʿīf	ضعيف
vecchio (agg)	ʿagūz	عجوز
giovane (agg)	ʃāb	شاب
vecchio (agg)	ʾadīm	قديم
nuovo (agg)	gedīd	جديد
duro (agg)	ṣalb	صلب
morbido (agg)	ṭary	طري
caldo (agg)	dāfy	دافي
freddo (agg)	bāred	بارد
grasso (agg)	teχīn	تخين
magro (agg)	rofayaʿ	رفيّع
stretto (agg)	ḍayeʾ	ضيّق
largo (agg)	wāseʿ	واسع
buono (agg)	kewayes	كويّس
cattivo (agg)	weḥeʃ	وحش
valoroso (agg)	ʃogāʿ	شجاع
codardo (agg)	gabān	جبان

21. Linee e forme

quadrato (m)	morabbaʿ (m)	مربّع
quadrato (agg)	morabbaʿ	مربّع
cerchio (m)	dayra (f)	دايرة
rotondo (agg)	medawwar	مدوّر

triangolo (m)	mosallas (m)	مثلّث
triangolare (agg)	mosallasy el ʃakl	مثلّثي الشكل
ovale (m)	bayḍawy (m)	بيضوّي
ovale (agg)	bayḍawy	بيضوّي
rettangolo (m)	mostaṭīl (m)	مستطيل
rettangolare (agg)	mostaṭīly	مستطيلي
piramide (f)	haram (m)	هرم
rombo (m)	moʿayen (m)	معيّن
trapezio (m)	ʃebh el monḥaref (m)	شبه المنحرف
cubo (m)	mokaʿab (m)	مكعّب
prisma (m)	manʃūr (m)	منشور
circonferenza (f)	moḥīṭ monḥany moɣlaq (m)	محيط منحنى مغلق
sfera (f)	kora (f)	كرة
palla (f)	kora (f)	كرة
diametro (m)	qaṭr (m)	قطر
raggio (m)	noṣṣ qaṭr (m)	نصّ قطر
perimetro (m)	moḥīṭ (m)	محيط
centro (m)	wasaṭ (m)	وسط
orizzontale (agg)	ofoqy	أفقي
verticale (agg)	ʿamūdy	عمودي
parallela (f)	motawāz (m)	متواز
parallelo (agg)	motawāzy	متوازي
linea (f)	xaṭṭ (m)	خطّ
tratto (m)	ḥaraka (m)	حركة
linea (f) retta	xaṭṭ mostaqīm (m)	خطّ مستقيم
linea (f) curva	xaṭṭ monḥany (m)	خطّ منحني
sottile (uno strato ~)	rofayaʿ	رفيّع
contorno (m)	kontūr (m)	كنتور
intersezione (f)	taqāṭoʿ (m)	تقاطع
angolo (m) retto	zawya mostaqīma (f)	زاوية مستقيمة
segmento	ʾeṭʿa (f)	قطعة
settore (m)	qaṭāʿ (m)	قطاع
lato (m)	gāneb (m)	جانب
angolo (m)	zawya (f)	زاوية

22. Unità di misura

peso (m)	wazn (m)	وزن
lunghezza (f)	ṭūl (m)	طول
larghezza (f)	ʿarḍ (m)	عرض
altezza (f)	ertefāʿ (m)	إرتفاع
profondità (f)	ʿomq (m)	عمق
volume (m)	ḥagm (m)	حجم
area (f)	mesāḥa (f)	مساحة
grammo (m)	gram (m)	جرام
milligrammo (m)	milligrām (m)	ملّيغرام
chilogrammo (m)	kilogrām (m)	كيلوغرام

tonnellata (f)	ṭenn (m)	طنّ
libbra (f)	reṭl (m)	رطل
oncia (f)	onṣa (f)	أونصة
metro (m)	metr (m)	متر
millimetro (m)	millimetr (m)	ملّيمتر
centimetro (m)	santimetr (m)	سنتيمتر
chilometro (m)	kilometr (m)	كيلومتر
miglio (m)	mīl (m)	ميل
pollice (m)	boṣa (f)	بوصة
piede (f)	'adam (m)	قدم
iarda (f)	yarda (f)	ياردة
metro (m) quadro	metr morabba' (m)	متر مربّع
ettaro (m)	hektār (m)	هكتار
litro (m)	litre (m)	لتر
grado (m)	daraga (f)	درجة
volt (m)	volt (m)	فولت
ampere (m)	ambere (m)	أمبير
cavallo vapore (m)	ḥoṣān (m)	حصان
quantità (f)	kemiya (f)	كميّة
un po' di ...	ʃewayet ...	شويّة...
metà (f)	noṣṣ (m)	نصّ
dozzina (f)	desta (f)	دستة
pezzo (m)	waḥda (f)	وحدة
dimensione (f)	ḥagm (m)	حجم
scala (f) (modello in ~)	me'yās (m)	مقياس
minimo (agg)	el adna	الأدنى
minore (agg)	el aṣɣar	الأصغر
medio (agg)	motawasseṭ	متوّسط
massimo (agg)	el aqṣa	الأقصى
maggiore (agg)	el akbar	الأكبر

23. Contenitori

barattolo (m) di vetro	barṭamān (m)	برطمان
latta, lattina (f)	kanz (m)	كانز
secchio (m)	gardal (m)	جردل
barile (m), botte (f)	barmīl (m)	برميل
catino (m)	ḥoḍe lel ɣasīl (m)	حوض للغسيل
serbatoio (m) (per liquidi)	χazzān (m)	خزّان
fiaschetta (f)	zamzamiya (f)	زمزميّة
tanica (f)	ʒerken (m)	جركن
cisterna (f)	χazzān (m)	خزّان
tazza (f)	mugg (m)	ماجّ
tazzina (f) (~ di caffé)	fengān (m)	فنجان
piattino (m)	ṭaba' fengān (m)	طبق فنجان

bicchiere (m) (senza stelo)	kobbāya (f)	كوبّاية
calice (m)	kāsa (f)	كاسة
casseruola (f)	ḥalla (f)	حلّة
bottiglia (f)	ezāza (f)	إزازة
collo (m) (~ della bottiglia)	'onq (m)	عنق
caraffa (f)	dawra' zogāgy (m)	دورق زجاجي
brocca (f)	ebrī' (m)	إبريق
recipiente (m)	we'ā' (m)	وعاء
vaso (m) di coccio	aṣīṣ (m)	أصيص
vaso (m) di fiori	vāza (f)	فازة
boccetta (f) (~ di profumo)	ezāza (f)	إزازة
fiala (f)	ezāza (f)	إزازة
tubetto (m)	anbūba (f)	أنبوبة
sacco (m) (~ di patate)	kīs (m)	كيس
sacchetto (m) (~ di plastica)	kīs (m)	كيس
pacchetto (m) (~ di sigarette, ecc.)	'elba (f)	علبة
scatola (f) (~ per scarpe)	'elba (f)	علبة
cassa (f) (~ di vino, ecc.)	ṣandū' (m)	صندوق
cesta (f)	salla (f)	سلّة

24. Materiali

materiale (m)	madda (f)	مادّة
legno (m)	χaʃab (m)	خشب
di legno	χaʃaby	خشبي
vetro (m)	ezāz (m)	إزاز
di vetro	ezāz	إزاز
pietra (f)	ḥagar (m)	حجر
di pietra	ḥagary	حجري
plastica (f)	blastik (m)	بلاستيك
di plastica	men el blastik	من البلاستيك
gomma (f)	maṭṭāṭ (m)	مطّاط
di gomma	maṭṭāṭy	مطّاطي
stoffa (f)	'omāʃ (m)	قماش
di stoffa	men el 'omāʃ	من القماش
carta (f)	wara' (m)	ورق
di carta	wara'y	ورقي
cartone (m)	kartōn (m)	كرتون
di cartone	kartony	كرتوني
polietilene (m)	bolyetylen (m)	بولي ايثيلين
cellofan (m)	sellofān (m)	سيلوفان

legno (m) compensato	ablakāʃ (m)	أبلكاش
porcellana (f)	borsalīn (m)	بورسلين
di porcellana	men el borsalīn	من البورسلين
argilla (f)	ṭīn (m)	طين
d'argilla	fokχāry	فخّاري
ceramica (f)	seramīk (m)	سيراميك
ceramico	men el seramik	من السيراميك

25. Metalli

metallo (m)	maʿdan (m)	معدن
metallico	maʿdany	معدني
lega (f)	sebīka (f)	سبيكة
oro (m)	dahab (m)	ذهب
d'oro	dahaby	ذهبي
argento (m)	faḍḍa (f)	فضّة
d'argento	feḍḍy	فضّي
ferro (m)	ḥadīd (m)	حديد
di ferro	ḥadīdy	حديدي
acciaio (m)	fulāz (m)	فولاذ
d'acciaio	folāzy	فولاذي
rame (m)	neḥās (m)	نحاس
di rame	neḥāsy	نحاسي
alluminio (m)	aluminyum (m)	الومينيوم
di alluminio, alluminico	aluminyum	الومينيوم
bronzo (m)	bronze (m)	برونز
di bronzo	bronzy	برونزي
ottone (m)	neḥās aṣfar (m)	نحاس أصفر
nichel (m)	nikel (m)	نيكل
platino (m)	blatīn (m)	بلاتين
mercurio (m)	zeʾbaq (m)	زئبق
stagno (m)	ʾaṣdīr (m)	قصدير
piombo (m)	roṣāṣ (m)	رصاص
zinco (m)	zink (m)	زنك

ESSERE UMANO

Essere umano. Il corpo umano

26. L'uomo. Concetti di base

uomo (m) (essere umano)	ensān (m)	إنسان
uomo (m) (adulto maschio)	rāgel (m)	راجل
donna (f)	set (f)	ست
bambino (m) (figlio)	ṭefl (m)	طفل
bambina (f)	bent (f)	بنت
bambino (m)	walad (m)	ولد
adolescente (m, f)	morāheq (m)	مراهق
vecchio (m)	'agūz (m)	عجوز
vecchia (f)	'agūza (f)	عجوزة

27. Anatomia umana

organismo (m)	'oḍw (m)	عضو
cuore (m)	'alb (m)	قلب
sangue (m)	damm (m)	دم
arteria (f)	ʃeryān (m)	شريان
vena (f)	'er' (m)	عرق
cervello (m)	mokχ (m)	مخّ
nervo (m)	'aṣab (m)	عصب
nervi (m pl)	a'ṣāb (pl)	أعصاب
vertebra (f)	faqra (f)	فقرة
colonna (f) vertebrale	'amūd faqry (m)	عمود فقري
stomaco (m)	me'da (f)	معدة
intestini (m pl)	am'ā' (pl)	أمعاء
intestino (m)	ma'y (m)	معى
fegato (m)	kebd (f)	كبد
rene (m)	kelya (f)	كلية
osso (m)	'aḍm (m)	عظم
scheletro (m)	haykal 'azmy (m)	هيكل عظمي
costola (f)	ḍel' (m)	ضلع
cranio (m)	gomgoma (f)	جمجمة
muscolo (m)	'aḍala (f)	عضلة
bicipite (m)	biseps (f)	بايسبس
tricipite (m)	triseps (f)	ترايسبس
tendine (m)	watar (m)	وتر
articolazione (f)	mefṣal (m)	مفصل

polmoni (m pl)	re'ateyn (du)	رئتين
genitali (m pl)	a'ḍā' tanasoliya (pl)	أعضاء تناسلية
pelle (f)	boʃra (m)	بشرة

28. Testa

testa (f)	ra's (m)	رأس
viso (m)	weʃ (m)	وش
naso (m)	manaχīr (m)	مناخير
bocca (f)	bo' (m)	بوء
occhio (m)	'eyn (f)	عين
occhi (m pl)	'oyūn (pl)	عيون
pupilla (f)	ḥad'a (f)	حدقة
sopracciglio (m)	ḥāgeb (m)	حاجب
ciglio (m)	remʃ (m)	رمش
palpebra (f)	gefn (m)	جفن
lingua (f)	lesān (m)	لسان
dente (m)	senna (f)	سنّة
labbra (f pl)	ʃafāyef (pl)	شفايف
zigomi (m pl)	'aḍmet el χadd (f)	عضمة الخدّ
gengiva (f)	lassa (f)	لثّة
palato (m)	ḥanak (m)	حنك
narici (f pl)	manaχer (pl)	مناخر
mento (m)	da''n (m)	دقن
mascella (f)	fakk (m)	فكّ
guancia (f)	χadd (m)	خدّ
fronte (f)	gabha (f)	جبهة
tempia (f)	ṣedɣ (m)	صدغ
orecchio (m)	wedn (f)	ودن
nuca (f)	'afa (m)	قفا
collo (m)	ra'aba (f)	رقبة
gola (f)	zore (m)	زور
capelli (m pl)	ʃa'r (m)	شعر
pettinatura (f)	tasrīḥa (f)	تسريحة
taglio (m)	tasrīḥa (f)	تسريحة
parrucca (f)	barūka (f)	باروكة
baffi (m pl)	ʃanab (pl)	شنب
barba (f)	leḥya (f)	لحية
portare (~ la barba, ecc.)	'ando	عنده
treccia (f)	ḍefīra (f)	ضفيرة
basette (f pl)	sawālef (pl)	سوالف
rosso (agg)	aḥmar el ʃa'r	أحمر الشعر
brizzolato (agg)	ʃa'r abyaḍ	شعر أبيض
calvo (agg)	aṣla'	أصلع
calvizie (f)	ṣala' (m)	صلع
coda (f) di cavallo	deyl ḥoṣān (m)	ديل حصان
frangetta (f)	'oṣṣa (f)	قصّة

29. Corpo umano

mano (f)	yad (m)	يد
braccio (m)	derā' (f)	دراع
dito (m)	ṣobā' (m)	صباع
dito (m) del piede	ṣobā' el 'adam (m)	صباع القدم
pollice (m)	ebhām (m)	إبهام
mignolo (m)	xonṣor (m)	خنصر
unghia (f)	ḍefr (m)	ضفر
pugno (m)	qabḍa (f)	قبضة
palmo (m)	kaff (f)	كفّ
polso (m)	me'ṣam (m)	معصم
avambraccio (m)	sā'ed (m)	ساعد
gomito (m)	kū' (m)	كوع
spalla (f)	ketf (f)	كتف
gamba (f)	regl (f)	رجل
pianta (f) del piede	qadam (f)	قدم
ginocchio (m)	rokba (f)	ركبة
polpaccio (m)	semmāna (f)	سمّانة
anca (f)	faxd (f)	فخد
tallone (m)	ka'b (m)	كعب
corpo (m)	gesm (m)	جسم
pancia (f)	baṭn (m)	بطن
petto (m)	ṣedr (m)	صدر
seno (m)	sady (m)	ثدي
fianco (m)	ganb (m)	جنب
schiena (f)	ḍahr (m)	ضهر
zona (f) lombare	asfal el ḍahr (m)	أسفل الضهر
vita (f)	wesṭ (f)	وسط
ombelico (m)	sorra (f)	سرّة
natiche (f pl)	ardāf (pl)	أرداف
sedere (m)	debr (m)	دبر
neo (m)	ʃāma (f)	شامة
voglia (f) (~ di fragola)	waḥma	وحمة
tatuaggio (m)	waʃm (m)	وشم
cicatrice (f)	nadba (f)	ندبة

Abbigliamento e Accessori

30. Indumenti. Soprabiti

vestiti (m pl)	malābes (pl)	ملابس
soprabito (m)	malābes fo'aniya (pl)	ملابس فوقانيّة
abiti (m pl) invernali	malābes ʃetwiya (pl)	ملابس شتويّة
cappotto (m)	balṭo (m)	بالطو
pelliccia (f)	balṭo farww (m)	بالطو فروّ
pellicciotto (m)	ʒaket farww (m)	جاكيت فروّ
piumino (m)	balṭo maḥʃy rīʃ (m)	بالطو محشي ريش
giubbotto (m), giaccha (f)	ʒæket (m)	جاكيت
impermeabile (m)	ʒæket lel maṭar (m)	جاكيت للمطر
impermeabile (agg)	wāqy men el maya	واقي من الميّة

31. Abbigliamento uomo e donna

camicia (f)	'amīṣ (m)	قميص
pantaloni (m pl)	banṭalone (f)	بنطلون
jeans (m pl)	ʒeans (m)	جينز
giacca (f) (~ di tweed)	ʒæket (f)	جاكت
abito (m) da uomo	badla (f)	بدلة
abito (m)	fostān (m)	فستان
gonna (f)	ʒība (f)	جيبة
camicetta (f)	bloza (f)	بلوزة
giacca (f) a maglia	kardigan (m)	كارديجن
giacca (f) tailleur	ʒæket (m)	جاكيت
maglietta (f)	ti ʃirt (m)	تي شيرت
pantaloni (m pl) corti	ʃort (m)	شورت
tuta (f) sportiva	treneng (m)	ترينینج
accappatoio (m)	robe el ḥammām (m)	روب حمّام
pigiama (m)	beʒāma (f)	بيجاما
maglione (m)	blover (f)	بلوفر
pullover (m)	blover (m)	بلوفر
gilè (m)	vest (m)	فيست
frac (m)	badlet sahra ṭawīla (f)	بدلة سهرة طويلة
smoking (m)	badla (f)	بدلة
uniforme (f)	zayī muwaḥḥad (m)	زيّ موحّد
tuta (f) da lavoro	lebs el ʃoɣl (m)	لبس الشغل
salopette (f)	overall (m)	اوفر اول
camice (m) (~ del dottore)	balṭo (m)	بالطو

32. Abbigliamento. Biancheria intima

biancheria (f) intima	malābes dāχeliya (pl)	ملابس داخلية
boxer (m pl)	sirwāl dāχly rigāly (m)	سروال داخلي رجالي
mutandina (f)	sirwāl dāχly nisā'y (m)	سروال داخلي نسائي
maglietta (f) intima	fanella (f)	فانلّا
calzini (m pl)	ʃarāb (m)	شراب
camicia (f) da notte	'amīṣ nome (m)	قميص نوم
reggiseno (m)	setyāna (f)	ستيانة
calzini (m pl) alti	ʃarabāt ṭawīla (pl)	شرابات طويلة
collant (m)	klone (m)	كلون
calze (f pl)	gawāreb (pl)	جوارب
costume (m) da bagno	mayo (m)	مايّوه

33. Copricapo

cappello (m)	ṭa'iya (f)	طاقيّة
cappello (m) di feltro	borneyṭa (f)	برنيطة
cappello (m) da baseball	base bāl kāb (m)	بيس بول كاب
coppola (f)	ṭa'iya mosaṭṭaḥa (f)	طاقيّة مسطحة
basco (m)	bereyh (m)	بيريه
cappuccio (m)	ɣaṭa' (f)	غطاء
panama (m)	qobba'et banama (f)	قبّعة بناما
berretto (m) a maglia	ays kāb (m)	آيس كاب
fazzoletto (m) da capo	oʃarb (m)	إيشارب
cappellino (m) donna	borneyṭa (f)	برنيطة
casco (m) (~ di sicurezza)	χawza (f)	خوذة
bustina (f)	kāb (m)	كاب
casco (m) (~ moto)	χawza (f)	خوذة
bombetta (f)	qobba'a (f)	قبّعة
cilindro (m)	qobba'a rasmiya (f)	قبّعة رسمية

34. Calzature

calzature (f pl)	gezam (pl)	جزم
stivaletti (m pl)	gazma (f)	جزمة
scarpe (f pl)	gazma (f)	جزمة
stivali (m pl)	būt (m)	بوت
pantofole (f pl)	ʃebʃeb (m)	شبشب
scarpe (f pl) da tennis	kotʃy tennis (m)	كوتشي تنس
scarpe (f pl) da ginnastica	kotʃy (m)	كوتشي
sandali (m pl)	ṣandal (pl)	صندل
calzolaio (m)	eskāfy (m)	إسكافي
tacco (m)	ka'b (m)	كعب

paio (m)	goze (m)	جوز
laccio (m)	ʃerīʾṭ (m)	شريط
allacciare (vt)	rabaṭ	ربط
calzascarpe (m)	labbāsa el gazma (f)	لبّاسة الجزمة
lucido (m) per le scarpe	warnīʃ el gazma (m)	ورنيش الجزمة

35. Tessuti. Stoffe

cotone (m)	ʾoṭn (m)	قطن
di cotone	ʾoṭny	قطني
lino (m)	kettān (m)	كتّان
di lino	men el kettān	من الكتّان
seta (f)	ḥarīr (m)	حرير
di seta	ḥarīry	حريري
lana (f)	ṣūf (m)	صوف
di lana	ṣūfiya	صوفية
velluto (m)	moχmal (m)	مخمل
camoscio (m)	geld mazʾabar (m)	جلد مزأبر
velluto (m) a coste	ʾoṭṭn ʾaṭīfa (f)	قطن قطيفة
nylon (m)	nylon (m)	نايلون
di nylon	men el naylon	من النيلون
poliestere (m)	bolyester (m)	بوليستر
di poliestere	men el bolyastar	من البوليستر
pelle (f)	geld (m)	جلد
di pelle	men el geld	من الجلد
pelliccia (f)	farww (m)	فروّ
di pelliccia	men el farww	من الفروّ

36. Accessori personali

guanti (m pl)	gwanty (m)	جوانتي
manopole (f pl)	gwanty men ɣeyr aṣābeʿ (m)	جوانتي من غير أصابع
sciarpa (f)	skarf (m)	سكارف
occhiali (m pl)	naḍḍāra (f)	نظّارة
montatura (f)	etār (m)	إطار
ombrello (m)	ʃamsiya (f)	شمسيّة
bastone (m)	ʿaṣāya (f)	عصاية
spazzola (f) per capelli	forʃet ʃaʿr (f)	فرشة شعر
ventaglio (m)	marwaḥa (f)	مروّحة
cravatta (f)	karavetta (f)	كرافتة
cravatta (f) a farfalla	bebyona (m)	بيبيونة
bretelle (f pl)	ḥammala (f)	حمّالة
fazzoletto (m)	mandīl (m)	منديل
pettine (m)	meʃṭ (m)	مشط
fermaglio (m)	dabbūs (m)	دبّوس

forcina (f)	bensa (m)	بنسة
fibbia (f)	bokla (f)	بكلة
cintura (f)	ḥezām (m)	حزام
spallina (f)	ḥammalet el ketf (f)	حمّالة الكتف
borsa (f)	ʃanṭa (f)	شنطة
borsetta (f)	ʃanṭet yad (f)	شنطة يد
zaino (m)	ʃanṭet ḍahr (f)	شنطة ظهر

37. Abbigliamento. Varie

moda (f)	mūḍa (f)	موضة
di moda	fel moḍa	في الموضة
stilista (m)	moṣammem azyā' (m)	مصمّم أزياء
collo (m)	yā'a (f)	ياقة
tasca (f)	geyb (m)	جيب
tascabile (agg)	geyb	جيب
manica (f)	komm (m)	كمّ
asola (f) per appendere	'elāqa (f)	علّاقة
patta (f) (~ dei pantaloni)	lesān (m)	لسان
cerniera (f) lampo	sosta (f)	سوستة
chiusura (f)	maʃbak (m)	مشبك
bottone (m)	zerr (m)	زرّ
occhiello (m)	'arwa (f)	عروة
staccarsi (un bottone)	we'e'	وقع
cucire (vi, vt)	χayaṭ	خيّط
ricamare (vi, vt)	ṭarraz	طرّز
ricamo (m)	taṭrīz (m)	تطريز
ago (m)	ebra (f)	إبرة
filo (m)	χeyṭ (m)	خيط
cucitura (f)	derz (m)	درز
sporcarsi (vr)	ettwassaχ	إتّوسّخ
macchia (f)	bo''a (f)	بقعة
sgualcirsi (vr)	takarmaʃ	تكرمش
strappare (vt)	'aṭa'	قطع
tarma (f)	'etta (f)	عتّة

38. Cura della persona. Cosmetici

dentifricio (m)	ma'gūn asnān (m)	معجون أسنان
spazzolino (m) da denti	forʃet senān (f)	فرشة أسنان
lavarsi i denti	naḍḍaf el asnān	نظّف الأسنان
rasoio (m)	mūs (m)	موس
crema (f) da barba	krīm ḥelā'a (m)	كريم حلاقة
rasarsi (vr)	ḥala'	حلق
sapone (m)	ṣabūn (m)	صابون

shampoo (m)	ʃambū (m)	شامبو
forbici (f pl)	ma'aṣ (m)	مقص
limetta (f)	mabrad (m)	مبرد
tagliaunghie (m)	mel'aṭ (m)	ملقط
pinzette (f pl)	mel'aṭ (m)	ملقط
cosmetica (f)	mawād tagmīl (pl)	مواد تجميل
maschera (f) di bellezza	mask (m)	ماسك
manicure (m)	monekīr (m)	مونيكير
fare la manicure	ʿamal monikīr	عمل مونيكير
pedicure (m)	badikīr (m)	باديكير
borsa (f) del trucco	ʃanṭet mekyāʒ (f)	شنطة مكياج
cipria (f)	bodret weʃ (f)	بودرة وش
portacipria (m)	ʿelbet bodra (f)	علبة بودرة
fard (m)	aḥmar χodūd (m)	أحمر خدود
profumo (m)	barfān (m)	بارفان
acqua (f) da toeletta	kolonya (f)	كولونيا
lozione (f)	loʃion (m)	لوشن
acqua (f) di Colonia	kolonya (f)	كولونيا
ombretto (m)	eyeʃadow (m)	ايّ شادو
eyeliner (m)	koḥl (m)	كحل
mascara (m)	maskara (f)	ماسكارا
rossetto (m)	rūʒ (m)	روج
smalto (m)	monekīr (m)	مونيكير
lacca (f) per capelli	mosabbet el ʃaʿr (m)	مثبّت الشعر
deodorante (m)	mozīl ʿara' (m)	مزيل عرق
crema (f)	krīm (m)	كريم
crema (f) per il viso	krīm lel weʃ (m)	كريم للوش
crema (f) per le mani	krīm eyd (m)	كريم أيد
crema (f) antirughe	krīm moḍād lel tagaʿīd (m)	كريم مضاد للتجاعيد
crema (f) da giorno	krīm en nahār (m)	كريم النهار
crema (f) da notte	krīm el leyl (m)	كريم الليل
da giorno	nahāry	نهاري
da notte	layly	لَيلي
tampone (m)	tambon (m)	تانبون
carta (f) igienica	wara' twalet (m)	ورق تواليت
fon (m)	seʃwār (m)	سشوار

39. Gioielli

gioielli (m pl)	mogawharāt (pl)	مجوّهرات
prezioso (agg)	ɣāly	غالي
marchio (m)	damɣa (f)	دمغة
anello (m)	χātem (m)	خاتم
anello (m) nuziale	deblet el faraḥ (m)	دبلة الفرح
braccialetto (m)	eswera (m)	إسوّرة
orecchini (m pl)	ḥala' (m)	حلق

collana (f)	ʿoʾd (m)	عقد
corona (f)	tāg (m)	تاج
perline (f pl)	ʿoʾd xaraz (m)	عقد خرز
diamante (m)	almāz (m)	ألماز
smeraldo (m)	zomorrod (m)	زمرّد
rubino (m)	yaʾūt aḥmar (m)	ياقوت أحمر
zaffiro (m)	yaʾūt azraʾ (m)	ياقوت أزرق
perle (f pl)	loʾloʾ (m)	لؤلؤ
ambra (f)	kahramān (m)	كهرمان

40. Orologi da polso. Orologio

orologio (m) (~ da polso)	sāʿa (f)	ساعة
quadrante (m)	wag-h el sāʿa (m)	وجه الساعة
lancetta (f)	ʿaʾrab el sāʿa (m)	عقرب الساعة
braccialetto (m)	ʃerīʾṭ sāʿa maʿdaniya (m)	شريط ساعة معدنية
cinturino (m)	ʃerīʾṭ el sāʿa (m)	شريط الساعة
pila (f)	baṭṭariya (f)	بطّاريّة
essere scarico	xelṣet	خلصت
cambiare la pila	ɣayar el baṭṭariya	غيّر البطّاريّة
andare avanti	sabaʾ	سبق
andare indietro	taʾakxar	تأخّر
orologio (m) da muro	sāʿet ḥeyṭa (f)	ساعة حيطة
clessidra (f)	sāʿa ramliya (f)	ساعة رمليّة
orologio (m) solare	sāʿa ʃamsiya (f)	ساعة شمسيّة
sveglia (f)	monabboh (m)	منبّه
orologiaio (m)	saʿāty (m)	ساعاتي
riparare (vt)	ṣallaḥ	صلّح

Cibo. Alimentazione

41. Cibo

carne (f)	laḥma (f)	لحمة
pollo (m)	ferāχ (m)	فراخ
pollo (m) novello	farrūg (m)	فرّوج
anatra (f)	baṭṭa (f)	بطّة
oca (f)	wezza (f)	وزّة
cacciagione (f)	ṣeyd (m)	صيد
tacchino (m)	dīk rūmy (m)	ديك رومي
maiale (m)	laḥm el χanazīr (m)	لحم الخنزير
vitello (m)	laḥm el ʿegl (m)	لحم العجل
agnello (m)	laḥm ḍāny (m)	لحم ضاني
manzo (m)	laḥm baqary (m)	لحم بقري
coniglio (m)	laḥm arāneb (m)	لحم أرانب
salame (m)	sogo'' (m)	سجق
w?rstel (m)	sogo'' (m)	سجق
pancetta (f)	bakon (m)	بيكون
prosciutto (m)	hām(m)	هام
prosciutto (m) affumicato	faχd χanzīr (m)	فخد خنزير
pâté (m)	maʿgūn laḥm (m)	معجون لحم
fegato (m)	kebda (f)	كبدة
carne (f) trita	hamburger (m)	هامبورجر
lingua (f)	lesān (m)	لسان
uovo (m)	beyḍa (f)	بيضة
uova (f pl)	beyḍ (m)	بيض
albume (m)	bayāḍ el beyḍ (m)	بياض البيض
tuorlo (m)	ṣafār el beyḍ (m)	صفار البيض
pesce (m)	samak (m)	سمك
frutti (m pl) di mare	sīfūd (pl)	سي فود
caviale (m)	kaviar (m)	كافيار
granchio (m)	kaboria (m)	كابوريا
gamberetto (m)	gammbary (m)	جمّبري
ostrica (f)	maḥār (m)	محار
aragosta (f)	estakoza (m)	استاكوزا
polpo (m)	aχṭabūṭ (m)	أخطبوط
calamaro (m)	kalmāry (m)	كالماري
storione (m)	samak el ḥafʃ (m)	سمك الحفش
salmone (m)	salamon (m)	سلمون
ippoglosso (m)	samak el halbūt (m)	سمك الهلبوت
merluzzo (m)	samak el qadd (m)	سمك القد
scombro (m)	makerel (m)	ماكريل

tonno (m)	tuna (f)	تونة
anguilla (f)	ḥankalīs (m)	حنكليس
trota (f)	salamon mera''aṭ (m)	سلمون مرقّط
sardina (f)	sardīn (m)	سردين
luccio (m)	samak el karāky (m)	سمك الكراكي
aringa (f)	renga (f)	رنجة
pane (m)	'eyʃ (m)	عيش
formaggio (m)	gebna (f)	جبنة
zucchero (m)	sokkar (m)	سكّر
sale (m)	melḥ (m)	ملح
riso (m)	rozz (m)	رزّ
pasta (f)	makaruna (f)	مكرونة
tagliatelle (f pl)	nūdles (f)	نودلز
burro (m)	zebda (f)	زبدة
olio (m) vegetale	zeyt (m)	زيت
olio (m) di girasole	zeyt 'abbād el ʃams (m)	زيت عبّاد الشمس
margarina (f)	margarīn (m)	مارجرين
olive (f pl)	zaytūn (m)	زيتون
olio (m) d'oliva	zeyt el zaytūn (m)	زيت الزيتون
latte (m)	laban (m)	لبن
latte (m) condensato	ḥalīb mokassaf (m)	حليب مكثّف
yogurt (m)	zabādy (m)	زبادي
panna (f) acida	kreyma ḥamḍa (f)	كريمة حامضة
panna (f)	krīma (f)	كريمة
maionese (m)	mayonnɛ:z (m)	مايونيز
crema (f)	krīmet zebda (f)	كريمة زبدة
cereali (m pl)	ḥobūb 'amḥ (pl)	حبوب قمح
farina (f)	de'ī' (m)	دقيق
cibi (m pl) in scatola	mo'allabāt (pl)	معلّبات
fiocchi (m pl) di mais	korn fleks (m)	كورن فليكس
miele (m)	'asal (m)	عسل
marmellata (f)	mrabba (m)	مربّى
gomma (f) da masticare	lebān (m)	لبان

42. Bevande

acqua (f)	meyāh (f)	مياه
acqua (f) potabile	mayet ʃorb (m)	ميّة شرب
acqua (f) minerale	maya ma'daniya (f)	ميّة معدنية
liscia (non gassata)	rakeda	راكدة
gassata (agg)	kanz	كانز
frizzante (agg)	kanz	كانز
ghiaccio (m)	talg (m)	ثلج
con ghiaccio	bel talg	بالتلج

analcolico (agg)	men ɣeyr koḥūl	من غير كحول
bevanda (f) analcolica	maʃrūb ɣāzy (m)	مشروب غازي
bibita (f)	ḥāga sa''a (f)	حاجة ساقعة
limonata (f)	limonāta (f)	ليموناتة
bevande (f pl) alcoliche	maʃrūbāt koḥūliya (pl)	مشروبات كحولية
vino (m)	χamra (f)	خمرة
vino (m) bianco	nebīz abyaḍ (m)	نبيذ أبيض
vino (m) rosso	nebī aḥmar (m)	نبيذ أحمر
liquore (m)	liqure (m)	ليكيور
champagne (m)	ʃambania (f)	شمبانيا
vermouth (m)	vermote (m)	فيرموت
whisky	wiski (m)	ويسكي
vodka (f)	vodka (f)	فودكا
gin (m)	ʒin (m)	جين
cognac (m)	konyāk (m)	كونياك
rum (m)	rum (m)	رم
caffè (m)	'ahwa (f)	قهوة
caffè (m) nero	'ahwa sāda (f)	قهوة سادة
caffè latte (m)	'ahwa bel ḥalīb (f)	قهوة بالحليب
cappuccino (m)	kaputʃino (m)	كابتشينو
caffè (m) solubile	neskafe (m)	نيسكافيه
latte (m)	laban (m)	لبن
cocktail (m)	koktayl (m)	كوكتيل
frullato (m)	milk ʃejk (m)	ميلك شيك
succo (m)	'aṣīr (m)	عصير
succo (m) di pomodoro	'aṣīr ṭamāṭem (m)	عصير طماطم
succo (m) d'arancia	'aṣīr bortoqāl (m)	عصير برتقال
spremuta (f)	'aṣīr freʃ (m)	عصير فريش
birra (f)	bīra (f)	بيرة
birra (f) chiara	bīra χafīfa (f)	بيرة خفيفة
birra (f) scura	bīra ɣam'a (f)	بيرة غامقة
tè (m)	ʃāy (m)	شاي
tè (m) nero	ʃāy aḥmar (m)	شاي أحمر
tè (m) verde	ʃāy aχḍar (m)	شاي أخضر

43. Verdure

ortaggi (m pl)	χoḍār (pl)	خضار
verdura (f)	χoḍrawāt waraqiya (pl)	خضروات ورقية
pomodoro (m)	ṭamāṭem (f)	طماطم
cetriolo (m)	χeyār (m)	خيار
carota (f)	gazar (m)	جزر
patata (f)	baṭāṭes (f)	بطاطس
cipolla (f)	baṣal (m)	بصل
aglio (m)	tūm (m)	ثوم

cavolo (m)	koronb (m)	كرنب
cavolfiore (m)	'arnabīṭ (m)	قرنبيط
cavoletti (m pl) di Bruxelles	koronb broksel (m)	كرنب بروكسل
broccolo (m)	brokkoli (m)	بركولي
barbabietola (f)	bangar (m)	بنجر
melanzana (f)	bātengān (m)	باذنجان
zucchina (f)	kōsa (f)	كوسة
zucca (f)	qar' 'asaly (m)	قرع عسلي
rapa (f)	left (m)	لفت
prezzemolo (m)	ba'dūnes (m)	بقدونس
aneto (m)	ʃabat (m)	شبت
lattuga (f)	χass (m)	خس
sedano (m)	karfas (m)	كرفس
asparago (m)	helione (m)	هليون
spinaci (m pl)	sabāneχ (m)	سبانخ
pisello (m)	besella (f)	بسلة
fave (f pl)	fūl (m)	فول
mais (m)	dora (f)	ذرة
fagiolo (m)	faṣolya (f)	فاصوليا
peperone (m)	felfel (m)	فلفل
ravanello (m)	fegl (m)	فجل
carciofo (m)	χarʃūf (m)	خرشوف

44. Frutta. Noci

frutto (m)	faχa (f)	فاكهة
mela (f)	toffāḥa (f)	تفّاحة
pera (f)	komettra (f)	كمّثرى
limone (m)	lymūn (m)	ليمون
arancia (f)	bortoqāl (m)	برتقال
fragola (f)	farawla (f)	فراولة
mandarino (m)	yosfy (m)	يوسفي
prugna (f)	bar'ū' (m)	برقوق
pesca (f)	χawχa (f)	خوخة
albicocca (f)	meʃmeʃ (f)	مشمش
lampone (m)	tūt el 'alī' el aḥmar (m)	توت العليق الأحمر
ananas (m)	ananās (m)	أناناس
banana (f)	moze (m)	موز
anguria (f)	baṭṭīχ (m)	بطّيخ
uva (f)	'enab (m)	عنب
amarena (f), ciliegia (f)	karaz (m)	كرز
melone (m)	ʃammām (f)	شمّام
pompelmo (m)	grabe frūt (m)	جريب فروت
avocado (m)	avokado (f)	افوكاتو
papaia (f)	babāya (m)	ببابا
mango (m)	manga (m)	مانجة
melagrana (f)	rommān (m)	رمان

ribes (m) rosso	keʃmeʃ aḥmar (m)	كشمش أحمر
ribes (m) nero	keʃmeʃ aswad (m)	كشمش أسود
uva (f) spina	'enab el sa'lab (m)	عنب الثعلب
mirtillo (m)	'enab al aḥrāg (m)	عنب الأحراج
mora (f)	tūt aswad (m)	توت أسود
uvetta (f)	zebīb (m)	زبيب
fico (m)	tīn (m)	تين
dattero (m)	tamr (m)	تمر
arachide (f)	fūl sudāny (m)	فول سوداني
mandorla (f)	loze (m)	لوز
noce (f)	'eyn gamal (f)	عين الجمل
nocciola (f)	bondo' (m)	بندق
noce (f) di cocco	goze el hend (m)	جوز هند
pistacchi (m pl)	fosto' (m)	فستق

45. Pane. Dolci

pasticceria (f)	ḥalawīāt (pl)	حلويّات
pane (m)	'eyʃ (m)	عيش
biscotti (m pl)	baskawīt (m)	بسكويت
cioccolato (m)	ʃokolāta (f)	شكولاتة
al cioccolato (agg)	bel ʃokolāṭa	بالشكولاتة
caramella (f)	bonbony (m)	بونبوني
tortina (f)	keyka (f)	كيكة
torta (f)	torta (f)	تورتة
crostata (f)	feṭīra (f)	فطيرة
ripieno (m)	ḥaʃwa (f)	حشوة
marmellata (f)	mrabba (m)	مربّى
marmellata (f) di agrumi	marmalād (f)	مرملاد
wafer (m)	waffles (pl)	وافلز
gelato (m)	'ays krīm (m)	آيس كريم
budino (m)	būding (m)	بودنج

46. Pietanze cucinate

piatto (m) (~ principale)	wagba (f)	وجبة
cucina (f)	maṭbaχ (m)	مطبخ
ricetta (f)	waṣfa (f)	وصفة
porzione (f)	naṣīb (m)	نصيب
insalata (f)	solṭa (f)	سلطة
minestra (f)	ʃorba (f)	شوربة
brodo (m)	mara'a (m)	مرقة
panino (m)	sandawitʃ (m)	ساندويتش
uova (f pl) al tegamino	beyḍ ma'ly (m)	بيض مقلي
hamburger (m)	hamburger (m)	هامبورجر

bistecca (f)	steak laḥm (m)	ستيك لحم
contorno (m)	ṭaba' gāneby (m)	طبق جانبي
spaghetti (m pl)	spaɣetti (m)	سباجيتي
purè (m) di patate	baṭāṭes mahrūsa (f)	بطاطس مهروسة
pizza (f)	bītza (f)	بيتزا
porridge (m)	'aṣīda (f)	عصيدة
frittata (f)	omlette (m)	اومليت
bollito (agg)	maslū'	مسلوق
affumicato (agg)	modakχen	مدخّن
fritto (agg)	ma'ly	مقلي
secco (agg)	mogaffaf	مجفّف
congelato (agg)	mogammad	مجمّد
sottoaceto (agg)	meχallel	مخلّل
dolce (gusto)	mesakkar	مسكّر
salato (agg)	māleḥ	مالح
freddo (agg)	bāred	بارد
caldo (agg)	soχn	سخن
amaro (agg)	morr	مرّ
buono, gustoso (agg)	ḥelw	حلو
cuocere, preparare (vt)	sala'	سلق
cucinare (vi)	ḥaḍḍar	حضّر
friggere (vt)	'ala	قلي
riscaldare (vt)	sakχan	سخّن
salare (vt)	rasʃ malḥ	رشّ ملح
pepare (vt)	rasʃ felfel	رشّ فلفل
grattugiare (vt)	baraʃ	برش
buccia (f)	'eʃra (f)	قشرة
sbucciare (vt)	'asʃar	قشّر

47. Spezie

sale (m)	melḥ (m)	ملح
salato (agg)	māleḥ	مالح
salare (vt)	rasʃ malḥ	رشّ ملح
pepe (m) nero	felfel aswad (m)	فلفل أسوّد
peperoncino (m)	felfel aḥmar (m)	فلفل أحمر
senape (f)	mosṭarda (m)	مسطردة
cren (m)	fegl ḥār (m)	فجل حار
condimento (m)	bahār (m)	بهار
spezie (f pl)	bahār (m)	بهار
salsa (f)	ṣalṣa (f)	صلصة
aceto (m)	χall (m)	خلّ
anice (m)	yansūn (m)	ينسون
basilico (m)	rīḥān (m)	ريحان
chiodi (m pl) di garofano	'oronfol (m)	قرنفل
zenzero (m)	zangabīl (m)	زنجبيل
coriandolo (m)	kozbora (f)	كزبرة

cannella (f)	'erfa (f)	قرفة
sesamo (m)	semsem (m)	سمسم
alloro (m)	wara' el ɣār (m)	ورق الغار
paprica (f)	babrika (f)	بابريكا
cumino (m)	karawya (f)	كراوية
zafferano (m)	za'farān (m)	زعفران

48. Pasti

cibo (m)	akl (m)	أكل
mangiare (vi, vt)	akal	أكل
colazione (f)	fotūr (m)	فطور
fare colazione	feṭer	فطر
pranzo (m)	ɣada' (m)	غداء
pranzare (vi)	etɣadda	إتغدّى
cena (f)	'aʃā' (m)	عشاء
cenare (vi)	et'asʃa	إتعشّى
appetito (m)	ʃahiya (f)	شهيّة
Buon appetito!	bel hana wel ʃefa!	بالهنا والشفا!
aprire (vt)	fataḥ	فتح
rovesciare (~ il vino, ecc.)	dala'	دلق
rovesciarsi (vr)	dala'	دلق
bollire (vi)	ɣely	غلي
far bollire	ɣely	غلي
bollito (agg)	maɣly	مغلي
raffreddare (vt)	barrad	برّد
raffreddarsi (vr)	barrad	برّد
gusto (m)	ṭa'm (m)	طعم
retrogusto (m)	ṭa'm ma ba'd el mazāq (m)	طعم ما بعد المذاق
essere a dieta	χass	خسّ
dieta (f)	reʒīm (m)	رجيم
vitamina (f)	vitamīn (m)	فيتامين
caloria (f)	so'ra ḥarāriya (f)	سعرة حراريّة
vegetariano (m)	nabāty (m)	نباتي
vegetariano (agg)	nabāty	نباتي
grassi (m pl)	dohūn (pl)	دهون
proteine (f pl)	brotenāt (pl)	بروتينات
carboidrati (m pl)	naʃawīāt (pl)	نشويّات
fetta (f), fettina (f)	ʃarīḥa (f)	شريحة
pezzo (m) (~ di torta)	'eṭ'a (f)	قطعة
briciola (f) (~ di pane)	fattāta (f)	فتاتة

49. Preparazione della tavola

cucchiaio (m)	ma'la'a (f)	معلقة
coltello (m)	sekkīna (f)	سكّينة

forchetta (f)	ʃawka (f)	شوكة
tazza (f)	fengān (m)	فنجان
piatto (m)	ṭaba' (m)	طبق
piattino (m)	ṭaba' fengān (m)	طبق فنجان
tovagliolo (m)	mandīl wara' (m)	منديل ورق
stuzzicadenti (m)	χallet senān (f)	خلة سنان

50. Ristorante

ristorante (m)	maṭʿam (m)	مطعم
caffè (m)	'ahwa (f), kaféih (m)	قهوة, كافيه
pub (m), bar (m)	bār (m)	بار
sala (f) da tè	ṣalone ʃāy (m)	صالون شاي
cameriere (m)	garsone (m)	جرسون
cameriera (f)	garsona (f)	جرسونة
barista (m)	bārman (m)	بارمان
menù (m)	qā'emet el ṭa'ām (f)	قائمة طعام
lista (f) dei vini	qā'emet el χomūr (f)	قائمة خمور
prenotare un tavolo	ḥagaz sofra	حجز سفرة
piatto (m)	wagba (f)	وجبة
ordinare (~ il pranzo)	ṭalab	طلب
fare un'ordinazione	ṭalab	طلب
aperitivo (m)	ʃarāb (m)	شراب
antipasto (m)	moqabbelāt (pl)	مقبّلات
dolce (m)	ḥalawīāt (pl)	حلويّات
conto (m)	ḥesāb (m)	حساب
pagare il conto	dafaʿ el ḥesāb	دفع الحساب
dare il resto	edda el bā'y	ادّي الباقي
mancia (f)	ba'ʃīʃ (m)	بقشيش

Famiglia, parenti e amici

51. Informazioni personali. Moduli

nome (m)	esm (m)	اسم
cognome (m)	esm el ʿaʾela (m)	اسم العائلة
data (f) di nascita	tarīχ el melād (m)	تاريخ الميلاد
luogo (m) di nascita	makān el melād (m)	مكان الميلاد
nazionalità (f)	gensiya (f)	جنسيّة
domicilio (m)	maqarr el eqāma (m)	مقرّ الإقامة
paese (m)	balad (m)	بلد
professione (f)	mehna (f)	مهنة
sesso (m)	ginss (m)	جنس
statura (f)	ṭūl (m)	طول
peso (m)	wazn (m)	وزن

52. Membri della famiglia. Parenti

madre (f)	walda (f)	والدة
padre (m)	wāled (m)	والد
figlio (m)	walad (m)	ولد
figlia (f)	bent (f)	بنت
figlia (f) minore	el bent el saɣīra (f)	البنت الصغيرة
figlio (m) minore	el ebn el saɣīr (m)	الابن الصغير
figlia (f) maggiore	el bent el kebīra (f)	البنت الكبيرة
figlio (m) maggiore	el ebn el kabīr (m)	الابن الكبير
fratello (m)	aχ (m)	أخ
fratello (m) maggiore	el aχ el kibīr (m)	الأخ الكبير
fratello (m) minore	el aχ el ṣoɣeyyir (m)	الأخ الصغير
sorella (f)	oχt (f)	أخت
sorella (f) maggiore	el uχt el kibīra (f)	الأخت الكبيرة
sorella (f) minore	el uχt el ṣoɣeyyira (f)	الأخت الصغيرة
cugino (m)	ibn ʿamm (m), ibn χāl (m)	إبن عمّ, إبن خال
cugina (f)	bint ʿamm (f), bint χāl (f)	بنت عم, بنت خال
mamma (f)	mama (f)	ماما
papà (m)	baba (m)	بابا
genitori (m pl)	waldeyn (du)	والدين
bambino (m)	ṭefl (m)	طفل
bambini (m pl)	aṭfāl (pl)	أطفال
nonna (f)	gedda (f)	جدّة
nonno (m)	gadd (m)	جدّ
nipote (m) (figlio di un figlio)	ḥafīd (m)	حفيد

nipote (f)	ḥafīda (f)	حفيدة
nipoti (pl)	aḥfād (pl)	أحفاد
zio (m)	ʻamm (m), χāl (m)	عمّ, خال
zia (f)	ʻamma (f), χāla (f)	عمّة, خالة
nipote (m) (figlio di un fratello)	ibn el aχ (m), ibn el uχt (m)	إبن الأخ, إبن الأخت
nipote (f)	bint el aχ (f), bint el uχt (f)	بنت الأخ, بنت الأخت
suocera (f)	ḥamah (f)	حماة
suocero (m)	ḥama (m)	حما
genero (m)	goze el bent (m)	جوز البنت
matrigna (f)	merāt el abb (f)	مرات الأب
patrigno (m)	goze el omm (m)	جوز الأم
neonato (m)	ṭefl raḍeeʻ (m)	طفل رضيع
infante (m)	mawlūd (m)	موّلود
bimbo (m), ragazzino (m)	walad ṣaɣīr (m)	ولد صغير
moglie (f)	goza (f)	جوزة
marito (m)	goze (m)	جوز
coniuge (m)	goze (m)	جوز
coniuge (f)	goza (f)	جوزة
sposato (agg)	metgawwez	متجوّز
sposata (agg)	metgawweza	متجوّزة
celibe (agg)	aʻzab	أعزب
scapolo (m)	aʻzab (m)	أعزب
divorziato (agg)	moṭallaq (m)	مطلّق
vedova (f)	armala (f)	أرملة
vedovo (m)	armal (m)	أرمل
parente (m)	ʼarīb (m)	قريب
parente (m) stretto	nesīb ʼarīb (m)	نسيب قريب
parente (m) lontano	nesīb beʻīd (m)	نسيب بعيد
parenti (m pl)	aqāreb (pl)	أقارب
orfano (m), orfana (f)	yatīm (m)	يتيم
tutore (m)	walyī amr (m)	وليّ أمر
adottare (~ un bambino)	tabanna	تبنّى
adottare (~ una bambina)	tabanna	تبنّى

53. Amici. Colleghi

amico (m)	ṣadīq (m)	صديق
amica (f)	ṣadīqa (f)	صديقة
amicizia (f)	ṣadāqa (f)	صداقة
essere amici	ṣādaq	صادق
amico (m) (inform.)	ṣāḥeb (m)	صاحب
amica (f) (inform.)	ṣaḥba (f)	صاحبة
partner (m)	rafīʼ (m)	رفيق
capo (m)	raʼīs (m)	رئيس
capo (m), superiore (m)	el arfaʻ maqāman (m)	الأرفع مقاماً
proprietario (m)	ṣāḥib (m)	صاحب

subordinato (m)	tābeʿ (m)	تابع
collega (m)	zamīl (m)	زميل
conoscente (m)	maʿrefa (m)	معرفة
compagno (m) di viaggio	rafīʾ safar (m)	رفيق سفر
compagno (m) di classe	zamīl fel ṣaff (m)	زميل في الصفّ
vicino (m)	gār (m)	جار
vicina (f)	gāra (f)	جارة
vicini (m pl)	gerān (pl)	جيران

54. Uomo. Donna

donna (f)	set (f)	ست
ragazza (f)	bent (f)	بنت
sposa (f)	ʿarūsa (f)	عروسة
bella (agg)	gamīla	جميلة
alta (agg)	ṭawīla	طويلة
snella (agg)	raʃīqa	رشيقة
bassa (agg)	ʾaṣīra	قصيرة
bionda (f)	ʃaʾra (f)	شقراء
bruna (f)	zāt al ʃaʿr el dāken (f)	ذات الشعر الداكن
da donna (agg)	sayedāt	سيّدات
vergine (f)	ʿazrāʾ (f)	عذراء
incinta (agg)	ḥāmel	حامل
uomo (m) (adulto maschio)	rāgel (m)	راجل
biondo (m)	aʃʾar (m)	أشقر
bruno (m)	zu el ʃaʿr el dāken (m)	ذو الشعر الداكن
alto (agg)	ṭawīl	طويل
basso (agg)	ʾaṣīr	قصير
sgarbato (agg)	waqeḥ	وقح
tozzo (agg)	malyān	مليان
robusto (agg)	matīn	متين
forte (agg)	ʾawy	قويّ
forza (f)	ʾowwa (f)	قوّة
grasso (agg)	teχīn	تخين
bruno (agg)	asmar	أسمر
snello (agg)	raʃīq	رشيق
elegante (agg)	anīq	أنيق

55. Età

età (f)	ʿomr (m)	عمر
giovinezza (f)	ʃabāb (m)	شباب
giovane (agg)	ʃāb	شاب
più giovane (agg)	aṣɣar	أصغر

più vecchio (agg)	akbar	أكبر
giovane (m)	ʃāb (m)	شاب
adolescente (m, f)	morāheq (m)	مراهق
ragazzo (m)	ʃāb (m)	شاب
vecchio (m)	ʿagūz (m)	عجوز
vecchia (f)	ʿagūza (f)	عجوزة
adulto (m)	rāʃed (m)	راشد
di mezza età	fe montaṣaf el ʿomr	في منتصف العمر
anziano (agg)	ʿagūz	عجوز
vecchio (agg)	ʿagūz	عجوز
pensionamento (m)	maʿāʃ (m)	معاش
andare in pensione	oḥīl ʿala el maʿāʃ	أحيل على المعاش
pensionato (m)	motaqāʿed (m)	متقاعد

56. Bambini

bambino (m), bambina (f)	ṭefl (m)	طفل
bambini (m pl)	aṭfāl (pl)	أطفال
gemelli (m pl)	tawʾam (du)	توأم
culla (f)	mahd (m)	مهد
sonaglio (m)	χoʃχeyʃa (f)	خشخيشة
pannolino (m)	bambarz, ḥaffāḍ (m)	بامبرز, حفاض
tettarella (f)	bazzāza (f)	بزّازة
carrozzina (f)	ʿarabet aṭfāl (f)	عربة أطفال
scuola (f) materna	rawḍet aṭfāl (f)	روضة أطفال
baby-sitter (f)	dāda (f)	دادة
infanzia (f)	ṭofūla (f)	طفولة
bambola (f)	ʿarūsa (f)	عروسة
giocattolo (m)	leʿba (f)	لعبة
gioco (m) di costruzione	mokaʿʿabāt (pl)	مكعّبات
educato (agg)	moʾaddab	مؤدّب
maleducato (agg)	ʾalīl el adab	قليل الأدب
viziato (agg)	metdallaʿ	متدلّع
essere disubbidiente	ʃefy	شقي
birichino (agg)	laʿūb	لعوب
birichinata (f)	ezʿāg (m)	إزعاج
bambino (m) birichino	ṭefl laʿūb (m)	طفل لعوب
ubbidiente (agg)	moṭeeʿ	مطيع
disubbidiente (agg)	ʿāq	عاقّ
docile (agg)	ʿāʾel	عاقل
intelligente (agg)	zaky	ذكي
bambino (m) prodigio	ṭefl moʿgeza (m)	طفل معجزة

57. Coppie sposate. Vita di famiglia

baciare (vt)	bās	باس
baciarsi (vr)	bās	باس
famiglia (f)	ʿeyla (f)	عيلة
familiare (agg)	ʿā'ely	عائلي
coppia (f)	gozeyn (du)	جوزين
matrimonio (m)	gawāz (m)	جواز
focolare (m) domestico	beyt (m)	بيت
dinastia (f)	solāla ḥākema (f)	سلالة حاكمة
appuntamento (m)	mawʿed (m)	موّعد
bacio (m)	bosa (f)	بوسة
amore (m)	ḥobb (m)	حبّ
amare (qn)	ḥabb	حبّ
amato (agg)	ḥabīb	حبيب
tenerezza (f)	ḥanān (m)	حنان
dolce, tenero (agg)	ḥanūn	حنون
fedeltà (f)	el eχlāṣ (m)	الإخلاص
fedele (agg)	moχleṣ	مخلص
premura (f)	ʿenāya (f)	عناية
premuroso (agg)	mohtamm	مهتّم
sposi (m pl) novelli	ʿarūseyn (du)	عروسين
luna (f) di miele	ʃahr el ʿasal (m)	شهر العسل
sposarsi (per una donna)	tagawwaz	تجوّز
sposarsi (per un uomo)	tagawwaz	تجوّز
nozze (f pl)	faraḥ (m)	فرح
nozze (f pl) d'oro	el zekra el χamsīn lel gawāz (f)	الذكرى الخمسين للجواز
anniversario (m)	zekra sanawiya (f)	ذكرى سنوية
amante (m)	ḥabīb (m)	حبيب
amante (f)	ḥabība (f)	حبيبة
adulterio (m)	χeyāna zawgiya (f)	خيانة زوّجية
tradire (commettere adulterio)	χān	خان
geloso (agg)	ɣayūr	غيّور
essere geloso	ɣār	غار
divorzio (m)	ṭalā' (m)	طلاق
divorziare (vi)	ṭalla'	طلّق
litigare (vi)	etχāne'	إتخانق
fare pace	taṣālaḥ	تصالح
insieme	maʿ baʿḍ	مع بعض
sesso (m)	ginss (m)	جنس
felicità (f)	saʿāda (f)	سعادة
felice (agg)	saʿīd	سعيد
disgrazia (f)	moṣība (m)	مصيبة
infelice (agg)	taʿīs	تعيس

Personalità. Sentimenti. Emozioni

58. Sentimenti. Emozioni

sentimento (m)	ʃo'ūr (m)	شعور
sentimenti (m pl)	maʃā'er (pl)	مشاعر
sentire (vt)	ʃa'ar	شعر
fame (f)	gū' (m)	جوع
avere fame	'āyez 'ākol	عايز آكل
sete (f)	'aṭaʃ (m)	عطش
avere sete	'āyez aʃrab	عايز أشرب
sonnolenza (f)	ne'ās (m)	نعاس
avere sonno	ne'es	نعس
stanchezza (f)	ta'ab (m)	تعب
stanco (agg)	ta'bān	تعبان
stancarsi (vr)	te'eb	تعب
umore (m) (buon ~)	mazāg (m)	مزاج
noia (f)	malal (m)	ملل
annoiarsi (vr)	zehe'	زهق
isolamento (f)	'ozla (f)	عزلة
isolarsi (vr)	'azal	عزل
preoccupare (vt)	a'la'	أقلق
essere preoccupato	'ele'	قلق
agitazione (f)	'ala' (m)	قلق
preoccupazione (f)	'ala' (m)	قلق
preoccupato (agg)	maʃɣūl el bāl	مشغول البال
essere nervoso	etwattar	إتوّتر
andare in panico	etχaḍḍ	إتخضّ
speranza (f)	amal (m)	أمل
sperare (vi, vt)	tamanna	تمنّى
certezza (f)	yaqīn (m)	يقين
sicuro (agg)	mota'akked	متأكّد
incertezza (f)	'adam el ta'akkod (m)	عدم التأكّد
incerto (agg)	meʃ mota'akked	مش متأكّد
ubriaco (agg)	sakrān	سكران
sobrio (agg)	ṣāḥy	صاحي
debole (agg)	ḍa'īf	ضعيف
fortunato (agg)	sa'īd	سعيد
spaventare (vt)	χawwef	خوّف
furia (f)	ɣaḍab ʃedīd (m)	غضب شديد
rabbia (f)	ɣaḍab (m)	غضب
depressione (f)	ekte'āb (m)	إكتئاب
disagio (m)	'adam erteyāḥ (m)	عدم إرتياح

conforto (m)	rāḥa (f)	راحة
rincrescere (vi)	nedem	ندم
rincrescimento (m)	nadam (m)	ندم
sfortuna (f)	sū' ḥaẓẓ (m)	سوء حظ
tristezza (f)	ḥozn (f)	حزن
vergogna (f)	χagal (m)	خجل
allegria (f)	faraḥ (m)	فرح
entusiasmo (m)	ḥamās (m)	حماس
entusiasta (m)	motaḥammes (m)	متحمّس
mostrare entusiasmo	taḥammas	تحمّس

59. Personalità. Carattere

carattere (m)	ʃaχṣiya (f)	شخصية
difetto (m)	ʿeyb (m)	عيب
mente (f), intelletto (m)	ʿa'l (m)	عقل
coscienza (f)	ḍamīr (m)	ضمير
abitudine (f)	ʿāda (f)	عادة
capacità (f)	qodra (f)	قدرة
sapere (~ nuotare)	ʿeref	عرف
paziente (agg)	ṣabūr	صبور
impaziente (agg)	'alīl el ṣabr	قليل الصبر
curioso (agg)	foḍūly	فضولي
curiosità (f)	foḍūl (m)	فضول
modestia (f)	tawāḍoʿ (m)	تواضع
modesto (agg)	motawāḍeʿ	متواضع
immodesto (agg)	meʃ motawāḍeʿ	مش متواضع
pigrizia (f)	kasal (m)	كسل
pigro (agg)	kaslān	كسلان
poltrone (m)	kaslān (m)	كسلان
furberia (f)	makr (m)	مكر
furbo (agg)	makkār	مكّار
diffidenza (f)	ʿadam el seqa (m)	عدم الثقة
diffidente (agg)	ʃakkāk	شكّاك
generosità (f)	karam (m)	كرم
generoso (agg)	karīm	كريم
di talento	mawhūb	موهوب
talento (m)	mawheba (f)	موهبة
coraggioso (agg)	ʃogāʿ	شجاع
coraggio (m)	ʃagāʿa (f)	شجاعة
onesto (agg)	amīn	أمين
onestà (f)	amāna (f)	أمانة
prudente (agg)	ḥazer	حذر
valoroso (agg)	ʃogāʿ	شجاع
serio (agg)	gād	جاد

severo (agg)	ṣārem	صارم
deciso (agg)	ḥāsem	حاسم
indeciso (agg)	motaradded	متردّد
timido (agg)	χagūl	خجول
timidezza (f)	χagal (m)	خجل
fiducia (f)	seqa (f)	ثقة
fidarsi (vr)	wasaq	وثق
fiducioso (agg)	saree' el taṣdīq	سريع التصديق
sinceramente	beṣarāḥa	بصراحة
sincero (agg)	moχleṣ	مخلص
sincerità (f)	eχlāṣ (m)	إخلاص
aperto (agg)	ṣarīḥ	صريح
tranquillo (agg)	hady	هادئ
sincero (agg)	ṣarīḥ	صريح
ingenuo (agg)	sāzeg	ساذج
distratto (agg)	ʃāred el fekr	شارد الفكر
buffo (agg)	moḍḥek	مضحك
avidità (f)	boχl (m)	بخل
avido (agg)	ṭammā'	طماع
avaro (agg)	baχīl	بخيل
cattivo (agg)	ʃerrīr	شرير
testardo (agg)	'anīd	عنيد
antipatico (agg)	karīh	كريه
egoista (m)	anāny (m)	أناني
egoistico (agg)	anāny	أناني
codardo (m)	gabān (m)	جبان
codardo (agg)	gabān	جبان

60. Dormire. Sogni

dormire (vi)	nām	نام
sonno (m) (stato di sonno)	nome (m)	نوم
sogno (m)	ḥelm (m)	حلم
sognare (fare sogni)	ḥelem	حلم
sonnolento (agg)	na'sān	نعسان
letto (m)	serīr (m)	سرير
materasso (m)	martaba (f)	مرتبة
coperta (f)	baṭṭaniya (f)	بطّانيّة
cuscino (m)	maχadda (f)	مخدّة
lenzuolo (m)	melāya (f)	ملاية
insonnia (f)	araq (m)	أرق
insonne (agg)	bodūn nome	بدون نوم
sonnifero (m)	monawwem (m)	منوّم
prendere il sonnifero	aχad monawwem	اخد منوّم
avere sonno	ne'es	نعس
sbadigliare (vi)	ettāweb	إتّاوب

andare a letto	rāḥ lel serīr	راح للسرير
fare il letto	waḍḍab el serīr	وضّب السرير
addormentarsi (vr)	nām	نام
incubo (m)	kabūs (m)	كابوس
russare (m)	ʃeχīr (m)	شخير
russare (vi)	ʃakχar	شخّر
sveglia (f)	monabbeh (m)	منبّه
svegliare (vt)	ṣaḥḥa	صحّى
svegliarsi (vr)	ṣeḥy	صحي
alzarsi (vr)	ʾām	قام
lavarsi (vr)	ɣasal	غسل

61. Umorismo. Risata. Felicità

umorismo (m)	hezār (m)	هزار
senso (m) dello humour	ḥess fokāhy (m)	حسّ فكاهي
divertirsi (vr)	estamtaʿ	إستمتع
allegro (agg)	farḥān	فرحان
allegria (f)	bahga (f)	بهجة
sorriso (m)	ebtesāma (f)	إبتسامة
sorridere (vi)	ebtasam	إبتسم
mettersi a ridere	badaʾ yeḍḥak	بدأ يضحك
ridere (vi)	ḍeḥek	ضحك
riso (m)	ḍeḥka (f)	ضحكة
aneddoto (m)	ḥekāya (f)	حكاية
divertente (agg)	moḍḥek	مضحك
ridicolo (agg)	moḍḥek	مضحك
scherzare (vi)	hazzar	هزّر
scherzo (m)	nokta (f)	نكتة
gioia (f) (fare salti di ~)	saʿāda (f)	سعادة
rallegrarsi (vr)	mereḥ	مرح
allegro (agg)	saʿīd	سعيد

62. Discussione. Conversazione. Parte 1

comunicazione (f)	tawāṣol (m)	تواصل
comunicare (vi)	tawāṣal	تواصل
conversazione (f)	moḥadsa (f)	محادثة
dialogo (m)	ḥewār (m)	حوار
discussione (f)	monaʾʃa (f)	مناقشة
dibattito (m)	χelāf (m)	خلاف
discutere (vi)	χālef	خالف
interlocutore (m)	muḥāwer (m)	محاوِر
tema (m)	mawḍūʿ (m)	موضوع
punto (m) di vista	weg-het naẓar (f)	وجهة نظر

opinione (f)	ra'yī (m)	رأي
discorso (m)	χeṭāb (m)	خطاب
discussione (f)	mona'ʃa (f)	مناقشة
discutere (~ una proposta)	nā'eʃ	ناقش
conversazione (f)	ḥadīs (m)	حديث
conversare (vi)	dardeʃ	دردش
incontro (m)	leqā' (m)	لقاء
incontrarsi (vr)	'ābel	قابل
proverbio (m)	masal (m)	مثل
detto (m)	maqūla (f)	مقولة
indovinello (m)	loɣz (m)	لغز
fare un indovinello	toʃakkel loɣz	تشكّل لغز
parola (f) d'ordine	kelmet el morūr (f)	كلمة مرور
segreto (m)	serr (m)	سرّ
giuramento (m)	qasam (m)	قسم
giurare (prestare giuramento)	aqsam	أقسم
promessa (f)	wa'd (m)	وعد
promettere (vt)	wa'ad	وعد
consiglio (m)	naṣīḥa (f)	نصيحة
consigliare (vt)	naṣaḥ	نصح
seguire il consiglio	tatabba' naṣīḥa	تتبّع نصيحة
ubbidire (ai genitori)	aṭā'	أطاع
notizia (f)	aχbār (m)	أخبار
sensazione (f)	ḍagga (f)	ضجّة
informazioni (f pl)	ma'lumāt (pl)	معلومات
conclusione (f)	estentāg (f)	إستنتاج
voce (f)	ṣote (m)	صوت
complimento (m)	madḥ (m)	مدح
gentile (agg)	laṭīf	لطيف
parola (f)	kelma (f)	كلمة
frase (f)	'ebāra (f)	عبارة
risposta (f)	gawāb (m)	جواب
verità (f)	ḥa'ī'a (f)	حقيقة
menzogna (f)	kezb (m)	كذب
pensiero (m)	fekra (f)	فكرة
idea (f)	fekra (f)	فكرة
fantasia (f)	χayāl (m)	خيال

63. Discussione. Conversazione. Parte 2

rispettato (agg)	moḥtaram	محترم
rispettare (vt)	eḥtaram	إحترم
rispetto (m)	eḥterām (m)	إحترام
Egregio ...	'azīzy ...	عزيزي...
presentare (~ qn)	'arraf	عرّف
fare la conoscenza di ...	ta'arraf	تعرّف

intenzione (f)	niya (f)	نيّة
avere intenzione	nawa	نوى
augurio (m)	omniya (f)	أمنية
augurare (vt)	tamanna	تمنّى
sorpresa (f)	mofag'a (f)	مفاجأة
sorprendere (stupire)	fāga'	فاجئ
stupirsi (vr)	etfāge'	إتفاجئ
dare (vt)	edda	أدّى
prendere (vt)	aχad	أخد
rendere (vt)	radd	ردّ
restituire (vt)	ragga'	رجّع
scusarsi (vr)	e'tazar	إعتذر
scusa (f)	e'tezār (m)	إعتذار
perdonare (vt)	'afa	عفا
parlare (vi, vt)	etkallem	إتكلّم
ascoltare (vi)	seme'	سمع
ascoltare fino in fondo	seme'	سمع
capire (vt)	fehem	فهم
mostrare (vt)	'araḍ	عرض
guardare (vt)	baṣṣ	بصّ
chiamare (rivolgersi a)	nāda	نادى
dare fastidio	ʃaɣal	شغل
disturbare (vt)	az'ag	أزعج
consegnare (vt)	sallem	سلّم
richiesta (f)	ṭalab (m)	طلب
chiedere (vt)	ṭalab	طلب
esigenza (f)	maṭlab (m)	مطلب
esigere (vt)	ṭāleb	طالب
stuzzicare (vt)	ɣāẓ	غاظ
canzonare (vt)	saχar	سخر
burla (f), beffa (f)	soχreya (f)	سخرية
soprannome (m)	esm el ʃohra (m)	اسم الشهرة
allusione (f)	talmīḥ (m)	تلميح
alludere (vi)	lammaḥ	لمّح
intendere (cosa intendi dire?)	'aṣad	قصد
descrizione (f)	waṣf (m)	وصف
descrivere (vt)	waṣaf	وصف
lode (f)	madḥ (m)	مدح
lodare (vt)	madaḥ	مدح
delusione (f)	χeybet amal (f)	خيبة أمل
deludere (vt)	χayab	خيّب
rimanere deluso	χābet 'āmalo	خابت آماله
supposizione (f)	efterāḍ (m)	إفتراض
supporre (vt)	eftaraḍ	إفترض
avvertimento (m)	taḥzīr (m)	تحذير
avvertire (vt)	ḥazzar	حذّر

64. Discussione. Conversazione. Parte 3

persuadere (vt)	aqna‘	أقنع
tranquillizzare (vt)	ṭam’an	طمأن
silenzio (m) (il ~ è d'oro)	sokūt (m)	سكوت
tacere (vi)	seket	سكت
sussurrare (vt)	hamas	همس
sussurro (m)	hamsa (f)	همسة
francamente	beṣarāḥa	بصراحة
secondo me ...	fi ra’yi ...	... في رأيي
dettaglio (m)	tafṣīl (m)	تفصيل
dettagliato (agg)	mofaṣṣal	مفصّل
dettagliatamente	bel tafṣīl	بالتفصيل
suggerimento (m)	talmīḥ (m)	تلميح
suggerire (vt)	edda lamḥa	أدى لمحة
sguardo (m)	naẓra (f)	نظرة
gettare uno sguardo	alqa nazra	ألقى نظرة
fisso (agg)	sābet	ثابت
battere le palpebre	ramaʃ	رمش
ammiccare (vi)	ɣamaz	غمز
accennare col capo	haz rāso	هزّ رأسه
sospiro (m)	tanhīda (f)	تنهيدة
sospirare (vi)	tanahhad	تنهّد
sussultare (vi)	erta‘aʃ	ارتعش
gesto (m)	eʃāret yad (f)	إشارة يد
toccare (~ il braccio)	lamas	لمس
afferrare (~ per il braccio)	mesek	مسك
picchiettare (~ la spalla)	ḥazz	حزّ
Attenzione!	χally bālak!	خللي بالك!
Davvero?	fe‘lan	فعلاً؟
Sei sicuro?	enta mota’akked?	أنت متأكّد؟
Buona fortuna!	bel tawfī’!	بالتوفيق!
Capito!	wāḍeḥ!	واضح!
Peccato!	ya χesāra!	يا خسارة!

65. Accordo. Rifiuto

accordo (m)	mowaf’a (f)	موافقة
essere d'accordo	wāfe’	وافق
approvazione (f)	’obūl (m)	قبول
approvare (vt)	’abal	قبل
rifiuto (m)	rafḍ (m)	رفض
rifiutarsi (vr)	rafaḍ	رفض
Perfetto!	‘aẓīm!	عظيم!
Va bene!	tamām!	تمام!

D'accordo!	ettafa'na!	إتّفقنا!
vietato, proibito (agg)	mamnūʿ	ممنوع
è proibito	mamnūʿ	ممنوع
è impossibile	mostaḥīl	مستحيل
sbagliato (agg)	ɣeleṭ	غلط
respingere (~ una richiesta)	rafaḍ	رفض
sostenere (~ un'idea)	ayed	أيّد
accettare (vt)	'abal	قبل
confermare (vt)	akkad	أكّد
conferma (f)	ta'kīd (m)	تأكيد
permesso (m)	samāḥ (m)	سماح
permettere (vt)	samaḥ	سمح
decisione (f)	qarār (m)	قرار
non dire niente	ṣamt	صمت
condizione (f)	ʃarṭ (m)	شرط
pretesto (m)	ʿozr (m)	عذر
lode (f)	madḥ (m)	مدح
lodare (vt)	madaḥ	مدح

66. Successo. Fortuna. Fiasco

successo (m)	nagāḥ (m)	نجاح
con successo	be nagāḥ	بنجاح
ben riuscito (agg)	nāgeḥ	ناجح
fortuna (f)	ḥazz (m)	حظّ
Buona fortuna!	bel tawfī'!	بالتوفيق!
fortunato (giorno ~)	maḥẓūẓ	محظوظ
fortunato (persona ~a)	maḥẓūẓ	محظوظ
fiasco (m)	faʃal (m)	فشل
disdetta (f)	sū' el ḥazz (m)	سوء الحظّ
sfortuna (f)	sū' el ḥazz (m)	سوء الحظّ
fallito (agg)	ɣayr nāgeḥ	غير ناجح
disastro (m)	karsa (f)	كارثة
orgoglio (m)	faχr (m)	فخر
orgoglioso (agg)	faχūr	فخور
essere fiero di ...	eftaχar	إفتخر
vincitore (m)	fā'ez (m)	فائز
vincere (vi)	fāz	فاز
perdere (subire una sconfitta)	χeser	خسر
tentativo (m)	moḥawla (f)	محاولة
tentare (vi)	ḥāwel	حاول
chance (f)	forṣa (f)	فرصة

67. Dispute. Sentimenti negativi

grido (m)	ṣarχa (f)	صرخة
gridare (vi)	ṣarraχ	صرّخ

mettersi a gridare	ṣarraχ	صرّخ
litigio (m)	χenā'a (f)	خناقة
litigare (vi)	etχāne'	إتخانق
lite (f)	χenā'a (f)	خناقة
dare scandalo (litigare)	taʃāgar	تشاجر
conflitto (m)	χelāf (m)	خلاف
fraintendimento (m)	sū' tafāhom (m)	سوء تفاهم
insulto (m)	ehāna (f)	إهانة
insultare (vt)	ahān	أهان
offeso (agg)	mohān	مهان
offesa (f)	esteyā' (m)	إستياء
offendere (qn)	ahān	أهان
offendersi (vr)	estā'	إستاء
indignazione (f)	saχṭ (m)	سخط
indignarsi (vr)	estā'	إستاء
lamentela (f)	ʃakwa (f)	شكوَى
lamentarsi (vr)	ʃaka	شكا
scusa (f)	e'tezār (m)	إعتذار
scusarsi (vr)	e'tazar	إعتذر
chiedere scusa	e'tazar	إعتذر
critica (f)	naqd (m)	نقد
criticare (vt)	naqad	نقد
accusa (f)	ettehām (m)	إتّهام
accusare (vt)	ettaham	إتّهم
vendetta (f)	enteqām (m)	إنتقام
vendicare (vt)	entaqam	إنتقم
vendicarsi (vr)	radd	ردّ
disprezzo (m)	ezderā' (m)	إزدراء
disprezzare (vt)	eḥtaqar	إحتقر
odio (m)	korh (f)	كره
odiare (vt)	kereh	كره
nervoso (agg)	'aṣaby	عصبي
essere nervoso	etwattar	إتوّتر
arrabbiato (agg)	ɣaḍbān	غضبان
fare arrabbiare	narfez	نرفز
umiliazione (f)	ezlāl (m)	إذلال
umiliare (vt)	zallel	ذلّل
umiliarsi (vr)	tazallal	تذلّل
shock (m)	ṣadma (f)	صدمة
scandalizzare (vt)	ṣadam	صدم
problema (m) (avere ~i)	moʃkela (f)	مشكلة
spiacevole (agg)	karīh	كريه
spavento (m), paura (f)	χofe (m)	خوف
terribile (una tempesta ~)	ʃedīd	شديد
spaventoso (un racconto ~)	moχīf	مخيف

orrore (m)	roʿb (m)	رعب
orrendo (un crimine ~)	baʃeʿ	بشع
cominciare a tremare	ertaʿaʃ	إرتعش
piangere (vi)	baka	بكى
mettersi a piangere	badaʾ yebky	بدأ يبكي
lacrima (f)	damaʿa (f)	دمعة
colpa (f)	ɣalṭa (f)	غلطة
senso (m) di colpa	zanb (m)	ذنب
vergogna (f)	ʿār (m)	عار
protesta (f)	eḥtegāg (m)	إحتجاج
stress (m)	tawattor (m)	توتّر
disturbare (vt)	azʿag	أزعج
essere arrabbiato	ɣeḍeb	غضب
arrabbiato (agg)	ɣaḍbān	غضبان
porre fine a ... (~ una relazione)	anha	أنهى
rimproverare (vt)	ʃatam	شتم
spaventarsi (vr)	χāf	خاف
colpire (vt)	ḍarab	ضرب
picchiarsi (vr)	χāneʾ	خانق
regolare (~ un conflitto)	sawwa	سوّى
scontento (agg)	meʃ rāḍy	مش راضي
furioso (agg)	ɣaḍbān	غضبان
Non sta bene!	keda meʃ kwayes!	!كده مش كويّس
Fa male!	keda weḥeʃ!	!كده وحش

Medicinali

68. Malattie

malattia (f)	maraḍ (m)	مرض
essere malato	mereḍ	مرض
salute (f)	ṣeḥḥa (f)	صحّة
raffreddore (m)	raʃ-ḥ fel anf (m)	رشح في الأنف
tonsillite (f)	eltehāb el lawzateyn (m)	إلتهاب اللوزتين
raffreddore (m)	zokām (m)	زكام
raffreddarsi (vr)	gālo bard	جاله برد
bronchite (f)	eltehāb ʃoʿaby (m)	إلتهاب شعبيّ
polmonite (f)	eltehāb raʾawy (m)	إلتهاب رئوي
influenza (f)	influenza (f)	إنفلونزا
miope (agg)	ʾaṣīr el naẓar	قصير النظر
presbite (agg)	beʿīd el naẓar	بعيد النظر
strabismo (m)	ḥawal (m)	حوّل
strabico (agg)	aḥwal	أحوّل
cateratta (f)	katarakt (f)	كاتاراكت
glaucoma (m)	glawkoma (f)	جلوكوما
ictus (m) cerebrale	sakta (f)	سكتة
attacco (m) di cuore	azma ʾalbiya (f)	أزمة قلبية
infarto (m) miocardico	nawba ʾalbiya (f)	نوبة قلبية
paralisi (f)	ʃalal (m)	شلل
paralizzare (vt)	ʃall	شلّ
allergia (f)	ḥasasiya (f)	حساسيّة
asma (f)	rabw (m)	ربو
diabete (m)	dāʾ el sokkary (m)	داء السكّري
mal (m) di denti	alam asnān (m)	ألم الأسنان
carie (f)	naχr el asnān (m)	نخر الأسنان
diarrea (f)	es-hāl (m)	إسهال
stitichezza (f)	emsāk (m)	إمساك
disturbo (m) gastrico	edṭrāb el meʿda (m)	إضطراب المعدة
intossicazione (f) alimentare	tasammom (m)	تسمّم
intossicarsi (vr)	etsammem	إتسمّم
artrite (f)	eltehāb el mafāṣel (m)	إلتهاب المفاصل
rachitide (f)	kosāḥ el aṭfāl (m)	كساح الأطفال
reumatismo (m)	rheumatism (m)	روماتزم
aterosclerosi (f)	taṣṣallob el ʃarayīn (m)	تصلّب الشرايين
gastrite (f)	eltehāb el meʿda (m)	إلتهاب المعدة
appendicite (f)	eltehāb el zayda el dūdiya (m)	إلتهاب الزائدة الدودية

colecistite (f)	eltehāb el marāra (m)	إلتهاب المرارة
ulcera (f)	qorḥa (f)	قرحة
morbillo (m)	maraḍ el ḥaṣba (m)	مرض الحصبة
rosolia (f)	el ḥaṣba el almaniya (f)	الحصبة الألمانية
itterizia (f)	yaraqān (m)	يرقان
epatite (f)	eltehāb el kabed el vayrūsy (m)	إلتهاب الكبد الفيروسي
schizofrenia (f)	fuṣām (m)	فصام
rabbia (f)	dā' el kalb (m)	داء الكلب
nevrosi (f)	eḍṭrāb 'aṣaby (m)	إضطراب عصبي
commozione (f) cerebrale	ertegāg el moχ (m)	إرتجاج المخ
cancro (m)	saraṭān (m)	سرطان
sclerosi (f)	taṣṣallob (m)	تصلّب
sclerosi (f) multipla	taṣṣallob mota'added (m)	تصلّب متعدّد
alcolismo (m)	edmān el χamr (m)	إدمان الخمر
alcolizzato (m)	modmen el χamr (m)	مدمن الخمر
sifilide (f)	syfilis el zehry (m)	سفلس الزهري
AIDS (m)	el eydz (m)	الايدز
tumore (m)	waram (m)	ورم
maligno (agg)	χabīs	خبيث
benigno (agg)	ḥamīd (m)	حميد
febbre (f)	ḥomma (f)	حمّى
malaria (f)	malaria (f)	ملاريا
cancrena (f)	ɣanɣarīna (f)	غنغرينا
mal (m) di mare	dawār el baḥr (m)	دوار البحر
epilessia (f)	maraḍ el ṣara' (m)	مرض الصرع
epidemia (f)	wabā' (m)	وباء
tifo (m)	tyfus (m)	تيفوس
tubercolosi (f)	maraḍ el soll (m)	مرض السلّ
colera (m)	kōlīra (f)	كوليرا
peste (f)	ṭa'ūn (m)	طاعون

69. Sintomi. Cure. Parte 1

sintomo (m)	'araḍ (m)	عرض
temperatura (f)	ḥarāra (f)	حرارة
febbre (f) alta	ḥomma (f)	حمّى
polso (m)	nabḍ (m)	نبض
capogiro (m)	dawχa (f)	دوخة
caldo (agg)	soχn	سخن
brivido (m)	ra'ʃa (f)	رعشة
pallido (un viso ~)	aṣfar	أصفر
tosse (f)	koḥḥa (f)	كحّة
tossire (vi)	kaḥḥ	كحّ
starnutire (vi)	'aṭas	عطس

svenimento (m)	dawχa (f)	دوخة
svenire (vi)	oɣma ʻaleyh	أغمي عليه
livido (m)	kadma (f)	كدمة
bernoccolo (m)	tawarrom (m)	تورّم
farsi un livido	etχabaṭ	إتخبط
contusione (f)	raḍḍa (f)	رضّة
farsi male	etkadam	إتكدم
zoppicare (vi)	ʻarag	عرج
slogatura (f)	χalʻ (m)	خلع
slogarsi (vr)	χalaʻ	خلع
frattura (f)	kasr (m)	كسر
fratturarsi (vr)	enkasar	إنكسر
taglio (m)	garḥ (m)	جرح
tagliarsi (vr)	garaḥ nafsoh	جرح نفسه
emorragia (f)	nazīf (m)	نزيف
scottatura (f)	ḥarʼ (m)	حرق
scottarsi (vr)	et-ḥaraʼ	إتحرق
pungere (vt)	waχaz	وخز
pungersi (vr)	waχaz nafso	وخز نفسه
ferire (vt)	aṣāb	أصاب
ferita (f)	eṣāba (f)	إصابة
lesione (f)	garḥ (m)	جرح
trauma (m)	ṣadma (f)	صدمة
delirare (vi)	haza	هذى
tartagliare (vi)	talaʻsam	تلعثم
colpo (m) di sole	ḍarabet ʃams (f)	ضربة شمس

70. Sintomi. Cure. Parte 2

dolore (m), male (m)	alam (m)	ألم
scheggia (f)	ʃazya (f)	شظية
sudore (m)	ʻerʼ (m)	عرق
sudare (vi)	ʻereʼ	عرق
vomito (m)	targeeʻ (m)	ترجيع
convulsioni (f pl)	taʃonnogāt (pl)	تشنّجات
incinta (agg)	ḥāmel	حامل
nascere (vi)	etwalad	اتولّد
parto (m)	welāda (f)	ولادة
essere in travaglio di parto	walad	ولد
aborto (m)	eg-hāḍ (m)	إجهاض
respirazione (f)	tanaffos (m)	تنفّس
inspirazione (f)	estenʃāq (m)	إستنشاق
espirazione (f)	zafīr (m)	زفير
espirare (vi)	zafar	زفر
inspirare (vi)	estanʃaq	إستنشق

invalido (m)	moʿāq (m)	معاق
storpio (m)	moqʿad (m)	مقعد
drogato (m)	modmen moχaddarāt (m)	مدمن مخدّرات
sordo (agg)	aṭraʃ	أطرش
muto (agg)	aχras	أخرس
sordomuto (agg)	aṭraʃ aχras	أطرش أخرس
matto (agg)	magnūn (m)	مجنون
matto (m)	magnūn (m)	مجنون
matta (f)	magnūna (f)	مجنونة
impazzire (vi)	etgannen	اتجنّن
gene (m)	ʒīn (m)	جين
immunità (f)	manāʿa (f)	مناعة
ereditario (agg)	werāsy	وراثي
innato (agg)	χolqy men el welāda	خلقي من الولادة
virus (m)	virūs (m)	فيروس
microbo (m)	mikrūb (m)	ميكروب
batterio (m)	garsūma (f)	جرثومة
infezione (f)	ʿadwa (f)	عدوَى

71. Sintomi. Cure. Parte 3

ospedale (m)	mostaʃfa (m)	مستشفى
paziente (m)	marīḍ (m)	مريض
diagnosi (f)	taʃχīṣ (m)	تشخيص
cura (f)	ʃefāʾ (m)	شفاء
trattamento (m)	ʿelāg ṭebby (m)	علاج طبي
curarsi (vr)	etʿāleg	اتعالج
curare (vt)	ʿālag	عالج
accudire (un malato)	marraḍ	مرّض
assistenza (f)	ʿenāya (f)	عناية
operazione (f)	ʿamaliya grāḥiya (f)	عمليّة جراحية
bendare (vt)	ḍammad	ضمّد
fasciatura (f)	taḍmīd (m)	تضميد
vaccinazione (f)	talqīḥ (m)	تلقيح
vaccinare (vt)	laqqaḥ	لقّح
iniezione (f)	ḥoʾna (f)	حقنة
fare una puntura	ḥaʾan ebra	حقن إبرة
attacco (m) (~ epilettico)	nawba (f)	نوبة
amputazione (f)	batr (m)	بتر
amputare (vt)	batr	بتر
coma (m)	ɣaybūba (f)	غيبوبة
essere in coma	kān fi ḥālet ɣaybūba	كان في حالة غيبوبة
rianimazione (f)	el ʿenāya el morakkaza (f)	العناية المركّزة
guarire (vi)	ʃefy	شفي
stato (f) (del paziente)	ḥāla (f)	حالة

conoscenza (f)	wa'y (m)	وعي
memoria (f)	zākera (f)	ذاكرة
estrarre (~ un dente)	χala'	خلع
otturazione (f)	ḥaʃww (m)	حشو
otturare (vt)	ḥaʃa	حشا
ipnosi (f)	el tanwīm el meɣnaṭīsy (m)	التنويم المغناطيسي
ipnotizzare (vt)	nawwem	نوّم

72. Medici

medico (m)	doktore (m)	دكتور
infermiera (f)	momarreḍa (f)	ممرّضة
medico (m) personale	doktore ʃaχṣy (m)	دكتور شخصي
dentista (m)	doktore asnān (m)	دكتور أسنان
oculista (m)	doktore el 'oyūn (m)	دكتور العيون
internista (m)	ṭabīb baṭna (m)	طبيب باطنة
chirurgo (m)	garrāḥ (m)	جرّاح
psichiatra (m)	doktore nafsāny (m)	دكتور نفساني
pediatra (m)	doktore aṭfāl (m)	دكتور أطفال
psicologo (m)	aχeṣā'y 'elm el nafs (m)	أخصائي علم النفس
ginecologo (m)	doktore nesa (m)	دكتور نسا
cardiologo (m)	doktore 'alb (m)	دكتور قلب

73. Medicinali. Farmaci. Accessori

medicina (f)	dawā' (m)	دواء
rimedio (m)	'elāg (m)	علاج
prescrivere (vt)	waṣaf	وصف
prescrizione (f)	waṣfa (f)	وصفة
compressa (f)	'orṣ (m)	قرص
unguento (m)	marham (m)	مرهم
fiala (f)	ambūla (f)	أمبولة
pozione (f)	dawā' ʃorb (m)	دواء شراب
sciroppo (m)	ʃarāb (m)	شراب
pillola (f)	ḥabba (f)	حبّة
polverina (f)	zorūr (m)	ذرور
benda (f)	ḍammāda ʃāʃ (f)	ضمادة شاش
ovatta (f)	'oṭn (m)	قطن
iodio (m)	yūd (m)	يود
cerotto (m)	blaster (m)	بلاستر
contagocce (m)	'aṭṭāra (f)	قطّارة
termometro (m)	termometr (m)	ترمومتر
siringa (f)	serennga (f)	سرنّجة
sedia (f) a rotelle	korsy motaḥarrek (m)	كرسي متحرك
stampelle (f pl)	'okkāz (m)	عكّاز

analgesico (m)	mosakken (m)	مسكّن
lassativo (m)	molayen (m)	مليّن
alcol (m)	etanol (m)	إيثانول
erba (f) officinale	aʿʃāb ṭebbiya (pl)	أعشاب طبّية
d'erbe (infuso ~)	ʿoʃby	عشبي

74. Fumo. Prodotti di tabaccheria

tabacco (m)	tabɣ (m)	تبغ
sigaretta (f)	segāra (f)	سيجارة
sigaro (m)	segār (m)	سيجار
pipa (f)	ɣelyone (m)	غليون
pacchetto (m) (di sigarette)	ʿelba (f)	علبة
fiammiferi (m pl)	kebrīt (m)	كبريت
scatola (f) di fiammiferi	ʿelbet kebrīt (f)	علبة كبريت
accendino (m)	wallāʿa (f)	ولّاعة
portacenere (m)	ṭaʾṭūʾa (f)	طقطوقة
portasigarette (m)	ʿelbet sagāyer (f)	علبة سجائر
bocchino (m)	ḥamelet segāra (f)	حاملة سيجارة
filtro (m)	filter (m)	فلتر
fumare (vi, vt)	dakχen	دخّن
accendere una sigaretta	wallaʿ segāra	ولّع سيجارة
fumo (m)	tadχīn (m)	تدخين
fumatore (m)	modakχen (m)	مدخّن
cicca (f), mozzicone (m)	ʿaqab segāra (m)	عقب سيجارة
fumo (m)	dokχān (m)	دخّان
cenere (f)	ramād (m)	رماد

HABITAT UMANO

Città

75. Città. Vita di città

città (f)	madīna (f)	مدينة
capitale (f)	'āṣema (f)	عاصمة
villaggio (m)	qarya (f)	قرية
mappa (f) della città	xarīṭet el madinah (f)	خريطة المدينة
centro (m) della città	wesṭ el balad (m)	وسط البلد
sobborgo (m)	ḍāḥeya (f)	ضاحية
suburbano (agg)	el ḍawāḥy	الضواحي
periferia (f)	aṭrāf el madīna (pl)	أطراف المدينة
dintorni (m pl)	ḍawāḥy el madīna (pl)	ضواحي المدينة
isolato (m)	ḥayī (m)	حي
quartiere residenziale	ḥayī sakany (m)	حي سكني
traffico (m)	ḥaraket el morūr (f)	حركة المرور
semaforo (m)	eʃārāt el morūr (pl)	إشارات المرور
trasporti (m pl) urbani	wasā'el el na'l (pl)	وسائل النقل
incrocio (m)	taqāṭo' (m)	تقاطع
passaggio (m) pedonale	ma'bar (m)	معبر
sottopassaggio (m)	nafa' moʃāh (m)	نفق مشاه
attraversare (vt)	'abar	عبر
pedone (m)	māʃy (m)	ماشي
marciapiede (m)	raṣīf (m)	رصيف
ponte (m)	kobry (m)	كبري
banchina (f)	korneyʃ (m)	كورنيش
fontana (f)	nafūra (f)	نافورة
vialetto (m)	mamʃa (m)	ممشى
parco (m)	ḥadīqa (f)	حديقة
boulevard (m)	bolvār (m)	بولفار
piazza (f)	medān (m)	ميدان
viale (m), corso (m)	ʃāre' (m)	شارع
via (f), strada (f)	ʃāre' (m)	شارع
vicolo (m)	zo'ā' (m)	زقاق
vicolo (m) cieco	ṭarī' masdūd (m)	طريق مسدود
casa (f)	beyt (m)	بيت
edificio (m)	mabna (m)	مبنى
grattacielo (m)	nāṭeḥet sahāb (f)	ناطحة سحاب
facciata (f)	waɣa (f)	واجهة
tetto (m)	sa'f (m)	سقف

finestra (f)	ʃebbāk (m)	شبّاك
arco (m)	qose (m)	قوس
colonna (f)	ʻamūd (m)	عمود
angolo (m)	zawya (f)	زاوية
vetrina (f)	vatrīna (f)	فترينة
insegna (f) (di negozi, ecc.)	yafṭa, lāfeta (f)	لافتة, يافطة
cartellone (m)	boster (m)	بوستر
cartellone (m) pubblicitario	boster eʻlān (m)	بوستر إعلان
tabellone (m) pubblicitario	lawḥet eʻlanāt (f)	لوحة إعلانات
pattume (m), spazzatura (f)	zebāla (f)	زبالة
pattumiera (f)	ṣandū' zebāla (m)	صندوق زبالة
sporcare (vi)	rama zebāla	رمى زبالة
discarica (f) di rifiuti	mazbala (f)	مزبلة
cabina (f) telefonica	koʃk telefōn (m)	كشك تليفون
lampione (m)	ʻamūd nūr (m)	عمود نور
panchina (f)	korsy (m)	كرسي
poliziotto (m)	ʃorṭy (m)	شرطي
polizia (f)	ʃorṭa (f)	شرطة
mendicante (m)	ʃaḥḥāt (m)	شحّات
barbone (m)	motaʃarred (m)	متشرّد

76. Servizi cittadini

negozio (m)	maḥal (m)	محل
farmacia (f)	ṣaydaliya (f)	صيدليّة
ottica (f)	maḥal naḍḍārāt (m)	محل نضّارات
centro (m) commerciale	mole (m)	مول
supermercato (m)	subermarket (m)	سوبرماركت
panetteria (f)	maχbaz (m)	مخبز
fornaio (m)	χabbāz (m)	خبّاز
pasticceria (f)	ḥalawāny (m)	حلواني
drogheria (f)	ba''āla (f)	بقّالة
macelleria (f)	gezāra (f)	جزارة
fruttivendolo (m)	dokkān χoḍār (m)	دكّان خضار
mercato (m)	sū' (f)	سوق
caffè (m)	'ahwa (f), kaféih (m)	قهوة, كافيه
ristorante (m)	maṭʻam (m)	مطعم
birreria (f), pub (m)	bār (m)	بار
pizzeria (f)	maḥal pizza (m)	محل بيتزا
salone (m) di parrucchiere	ṣalone ḥelā'a (m)	صالون حلاقة
ufficio (m) postale	maktab el barīd (m)	مكتب البريد
lavanderia (f) a secco	dray klīn (m)	دراي كلين
studio (m) fotografico	estudio taṣwīr (m)	إستوديو تصوير
negozio (m) di scarpe	maḥal gezam (m)	محل جزم
libreria (f)	maḥal kotob (m)	محل كتب

negozio (m) sportivo	maḥal mostalzamāt reyaḍiya (m)	محل مستلزمات رياضية
riparazione (f) di abiti	maḥal χeyāṭet malābes (m)	محل خياطة ملابس
noleggio (m) di abiti	ta'gīr malābes rasmiya (m)	تأجير ملابس رسمية
noleggio (m) di film	maḥal ta'gīr video (m)	محل تأجير فيديو
circo (m)	serk (m)	سيرك
zoo (m)	ḥadīqet el ḥayawān (f)	حديقة حيوان
cinema (m)	sinema (f)	سينما
museo (m)	mat-ḥaf (m)	متحف
biblioteca (f)	maktaba (f)	مكتبة
teatro (m)	masraḥ (m)	مسرح
teatro (m) dell'opera	obra (f)	أوبرا
locale notturno (m)	malha leyly (m)	ملهى ليّلي
casinò (m)	kazino (m)	كازينو
moschea (f)	masged (m)	مسجد
sinagoga (f)	kenīs (m)	كنيس
cattedrale (f)	katedra'iya (f)	كاتدرائية
tempio (m)	ma'bad (m)	معبد
chiesa (f)	kenīsa (f)	كنيسة
istituto (m)	kolliya (m)	كليّة
università (f)	gam'a (f)	جامعة
scuola (f)	madrasa (f)	مدرسة
prefettura (f)	moqaṭ'a (f)	مقاطعة
municipio (m)	baladiya (f)	بلديّة
albergo, hotel (m)	fondo' (m)	فندق
banca (f)	bank (m)	بنك
ambasciata (f)	safāra (f)	سفارة
agenzia (f) di viaggi	ʃerket seyāḥa (f)	شركة سياحة
ufficio (m) informazioni	maktab el este'lāmāt (m)	مكتب الإستعلامات
ufficio (m) dei cambi	ṣarrāfa (f)	صرّافة
metropolitana (f)	metro (m)	مترو
ospedale (m)	mostaʃfa (m)	مستشفى
distributore (m) di benzina	maḥaṭṭet banzīn (f)	محطّة بنزين
parcheggio (m)	maw'ef el 'arabeyāt (m)	موقف العربيات

77. Mezzi pubblici in città

autobus (m)	buṣ (m)	باص
tram (m)	trām (m)	ترام
filobus (m)	trolly buṣ (m)	ترولي باص
itinerario (m)	χaṭṭ (m)	خطّ
numero (m)	raqam (m)	رقم
andare in ...	rāḥ be ...	راح بـ ...
salire (~ sull'autobus)	rekeb	ركب
scendere da ...	nezel men	نزل من

fermata (f) (~ dell'autobus)	maw'af (m)	موّقف
prossima fermata (f)	el maḥaṭṭa el gaya (f)	المحطة الجاية
capolinea (m)	'āχer maw'af (m)	آخر موقف
orario (m)	gadwal (m)	جدوّل
aspettare (vt)	estanna	إستنّى
biglietto (m)	tazkara (f)	تذكرة
prezzo (m) del biglietto	ogra (f)	أجرة
cassiere (m)	kaʃier (m)	كاشيير
controllo (m) dei biglietti	taftīʃ el tazāker (m)	تفتيش التذاكر
bigliettaio (m)	mofatteʃ tazāker (m)	مفتّش تذاكر
essere in ritardo	met'akχer	متأخّر
perdere (~ il treno)	ta'akχar	تأخّر
avere fretta	mesta'gel	مستعجل
taxi (m)	taksi (m)	تاكسي
taxista (m)	sawwā' taksi (m)	سوّاق تاكسي
in taxi	bel taksi	بالتاكسي
parcheggio (m) di taxi	maw'ef taksi (m)	موّقف تاكسي
chiamare un taxi	kallem taksi	كلّم تاكسي
prendere un taxi	aχad taksi	أخد تاكسي
traffico (m)	ḥaraket el morūr (f)	حركة المرور
ingorgo (m)	zaḥmet el morūr (f)	زحمة المرور
ore (f pl) di punta	sā'et el zorwa (f)	ساعة الذروة
parcheggiarsi (vr)	rakan	ركن
parcheggiare (vt)	rakan	ركن
parcheggio (m)	maw'ef el 'arabeyāt (m)	موقف العربيات
metropolitana (f)	metro (m)	مترو
stazione (f)	maḥaṭṭa (f)	محطّة
prendere la metropolitana	aχad el metro	أخد المترو
treno (m)	qeṭār, 'aṭṛ (m)	قطار
stazione (f) ferroviaria	maḥaṭṭet qeṭār (f)	محطّة قطار

78. Visita turistica

monumento (m)	temsāl (m)	تمثال
fortezza (f)	'al'a (f)	قلعة
palazzo (m)	'aṣr (m)	قصر
castello (m)	'al'a (f)	قلعة
torre (f)	borg (m)	برج
mausoleo (m)	ḍarīḥ (m)	ضريح
architettura (f)	handasa me'māriya (f)	هندسة معمارية
medievale (agg)	men el qorūn el wosṭa	من القرون الوسطى
antico (agg)	'atīq	عتيق
nazionale (agg)	waṭany	وطني
famoso (agg)	maʃ-hūr	مشهور
turista (m)	sā'eḥ (m)	سائح
guida (f)	morʃed (m)	مرشد

escursione (f)	gawla (f)	جولة
fare vedere	warra	ورّى
raccontare (vt)	ʼāl	قال
trovare (vt)	laʼa	لقى
perdersi (vr)	ḍāʻ	ضاع
mappa (f) (~ della metropolitana)	χarīṭa (f)	خريطة
piantina (f) (~ della città)	χarīṭa (f)	خريطة
souvenir (m)	tezkār (m)	تذكار
negozio (m) di articoli da regalo	maḥal hadāya (m)	محل هدايا
fare foto	ṣawwar	صوّر
fotografarsi	etṣawwar	إتصوّر

79. Acquisti

comprare (vt)	eʃtara	إشترى
acquisto (m)	ḥāga (f)	حاجة
fare acquisti	eʃtara	إشترى
shopping (m)	ʃobbing (m)	شوبينج
essere aperto (negozio)	maftūḥ	مفتوح
essere chiuso	moɣlaq	مغلق
calzature (f pl)	gezam (pl)	جزم
abbigliamento (m)	malābes (pl)	ملابس
cosmetica (f)	mawad tagmīl (pl)	مواد تجميل
alimentari (m pl)	akl (m)	أكل
regalo (m)	hediya (f)	هديّة
commesso (m)	bayāʻ (m)	بيّاع
commessa (f)	bayāʻa (f)	بيّاعة
cassa (f)	ṣandūʼ el dafʻ (m)	صندوق الدفع
specchio (m)	merāya (f)	مراية
banco (m)	manḍada (f)	منضدة
camerino (m)	ɣorfet el ʼeyās (f)	غرفة القياس
provare (~ un vestito)	garrab	جرّب
stare bene (vestito)	nāseb	ناسب
piacere (vi)	ʻagab	عجب
prezzo (m)	seʻr (m)	سعر
etichetta (f) del prezzo	tiket el seʻr (m)	تيكت السعر
costare (vt)	kallef	كلّف
Quanto?	bekām?	بكام؟
sconto (m)	χaṣm (m)	خصم
no muy caro (agg)	meʃ ɣāly	مش غالي
a buon mercato	reχīṣ	رخيص
caro (agg)	ɣāly	غالي
È caro	da ɣāly	ده غالي

noleggio (m)	este'gār (m)	إستئجار
noleggiare (~ un abito)	est'gar	إستأجر
credito (m)	e'temān (m)	إئتمان
a credito	bel ta'seeṭ	بالتقسيط

80. Denaro

soldi (m pl)	folūs (pl)	فلوس
cambio (m)	taḥwīl 'omla (m)	تحويل عملة
corso (m) di cambio	se'r el ṣarf (m)	سعر الصرف
bancomat (m)	makinet ṣarrāf 'āly (f)	ماكينة صرّاف آلي
moneta (f)	'erʃ (m)	قرش
dollaro (m)	dolār (m)	دولار
euro (m)	yoro (m)	يورو
lira (f)	lira (f)	ليرة
marco (m)	el mark el almāny (m)	المارك الألماني
franco (m)	frank (m)	فرنك
sterlina (f)	geneyh esterlīny (m)	جنيه استرليني
yen (m)	yen (m)	ين
debito (m)	deyn (m)	دين
debitore (m)	modīn (m)	مدين
prestare (~ i soldi)	sallef	سلّف
prendere in prestito	estalaf	إستلف
banca (f)	bank (m)	بنك
conto (m)	ḥesāb (m)	حساب
versare (vt)	awda'	أودع
versare sul conto	awda' fel ḥesāb	أودع في الحساب
prelevare dal conto	saḥab men el ḥesāb	سحب من الحساب
carta (f) di credito	kredit kard (f)	كريدت كارد
contanti (m pl)	kæʃ (m)	كاش
assegno (m)	ʃīk (m)	شيك
emettere un assegno	katab ʃīk	كتب شيك
libretto (m) di assegni	daftar ʃikāt (m)	دفتر شيكات
portafoglio (m)	maḥfaẓa (f)	محفظة
borsellino (m)	maḥfazet fakka (f)	محفظة فكّة
cassaforte (f)	χazzāna (f)	خزّانة
erede (m)	wāres (m)	وارث
eredità (f)	werāsa (f)	وراثة
fortuna (f)	sarwa (f)	ثروة
affitto (m), locazione (f)	'a'd el egār (m)	عقد الإيجار
canone (m) d'affitto	ogret el sakan (f)	أجرة السكن
affittare (dare in affitto)	est'gar	إستأجر
prezzo (m)	se'r (m)	سعر
costo (m)	taman (m)	ثمن
somma (f)	mablaɣ (m)	مبلغ

spendere (vt)	ṣaraf	صرف
spese (f pl)	maṣarīf (pl)	مصاريف
economizzare (vi, vt)	waffar	وفّر
economico (agg)	mowaffer	موفّر
pagare (vi, vt)	dafaʿ	دفع
pagamento (m)	dafʿ (m)	دفع
resto (m) (dare il ~)	el bāʾy (m)	الباقي
imposta (f)	ḍarība (f)	ضريبة
multa (f), ammenda (f)	ɣarāma (f)	غرامة
multare (vt)	faraḍ ɣarāma	فرض غرامة

81. Posta. Servizio postale

ufficio (m) postale	maktab el barīd (m)	مكتب البريد
posta (f) (lettere, ecc.)	el barīd (m)	البريد
postino (m)	sāʿy el barīd (m)	ساعي البريد
orario (m) di apertura	awʾāt el ʿamal (pl)	أوقات العمل
lettera (f)	resāla (f)	رسالة
raccomandata (f)	resāla mosaggala (f)	رسالة مسجّلة
cartolina (f)	kart barīdy (m)	كرت بريدي
telegramma (m)	barqiya (f)	برقيّة
pacco (m) postale	ṭard (m)	طرد
vaglia (m) postale	ḥewāla māliya (f)	حوالة مالية
ricevere (vt)	estalam	إستلم
spedire (vt)	arsal	أرسل
invio (m)	ersāl (m)	إرسال
indirizzo (m)	ʿenwān (m)	عنوان
codice (m) postale	raqam el barīd (m)	رقم البريد
mittente (m)	morsel (m)	مرسل
destinatario (m)	morsel elayh (m)	مرسل إليه
nome (m)	esm (m)	اسم
cognome (m)	esm el ʿaʾela (m)	اسم العائلة
tariffa (f)	taʿrīfa (f)	تعريفة
ordinario (agg)	ʿādy	عادي
standard (agg)	mowaffer	موفّر
peso (m)	wazn (m)	وزن
pesare (vt)	wazan	وزن
busta (f)	ẓarf (m)	ظرف
francobollo (m)	ṭābeʿ (m)	طابع
affrancare (vt)	alṣaq ṭābeʿ	ألصق طابع

Abitazione. Casa

82. Casa. Abitazione

casa (f)	beyt (m)	بيت
a casa	fel beyt	في البيت
cortile (m)	sāḥa (f)	ساحة
recinto (m)	sūr (m)	سور
mattone (m)	ṭūb (m)	طوب
di mattoni	men el ṭūb	من الطوب
pietra (f)	ḥagar (m)	حجر
di pietra	ḥagary	حجري
beton (m)	χarasāna (f)	خرسانة
di beton	χarasāny	خرساني
nuovo (agg)	gedīd	جديد
vecchio (agg)	'adīm	قديم
fatiscente (edificio ~)	'āayel lel soqūṭ	آيل للسقوط
moderno (agg)	mo'āṣer	معاصر
a molti piani	mota'added el ṭawābeq	متعدّد الطوابق
alto (agg)	'āly	عالي
piano (m)	dore (m)	دور
di un piano	zu ṭābeq wāḥed	ذو طابق واحد
pianoterra (m)	el dore el awwal (m)	الدور الأوّل
ultimo piano (m)	ṭābe' 'olwy (m)	طابق علوي
tetto (m)	sa'f (m)	سقف
ciminiera (f)	madχana (f)	مدخنة
tegola (f)	qarmīd (m)	قرميد
di tegole	men el qarmīd	من القرميد
soffitta (f)	'elya (f)	علية
finestra (f)	ʃebbāk (m)	شبّاك
vetro (m)	ezāz (m)	إزاز
davanzale (m)	ḥāfet el ʃebbāk (f)	حافة الشبّاك
imposte (f pl)	ʃīʃ (m)	شيش
muro (m)	ḥeyṭa (f)	حيطة
balcone (m)	balakona (f)	بلكونة
tubo (m) pluviale	masūret el taṣrīf (f)	ماسورة التصريف
su, di sopra	fo'e	فوق
andare di sopra	ṭele'	طلع
scendere (vi)	nezel	نزل
trasferirsi (vr)	na'al	نقل

83. Casa. Ingresso. Ascensore

entrata (f)	madχal (m)	مدخل
scala (f)	sellem (m)	سلّم
gradini (m pl)	daragāt (pl)	درجات
ringhiera (f)	drabzīn (m)	درابزين
hall (f) (atrio d'ingresso)	ṣāla (f)	صالة
cassetta (f) della posta	ṣandū' el barīd (m)	صندوق البريد
secchio (m) della spazzatura	ṣandū' el zebāla (m)	صندوق الزبالة
scivolo (m) per la spazzatura	manfaz el zebāla (m)	منفذ الزبالة
ascensore (m)	asanseyr (m)	اسانسير
montacarichi (m)	asanseyr el ʃaḥn (m)	اسانسير الشحن
cabina (f) di ascensore	kabīna (f)	كابينة
prendere l'ascensore	rekeb el asanseyr	ركب الاسانسير
appartamento (m)	ʃa''a (f)	شقّة
inquilini (m pl)	sokkān (pl)	سكّان
vicino (m)	gār (m)	جار
vicina (f)	gāra (f)	جارة
vicini (m pl)	gerān (pl)	جيران

84. Casa. Porte. Serrature

porta (f)	bāb (m)	باب
cancello (m)	bawwāba (f)	بوّابة
maniglia (f)	okret el bāb (f)	اوكرة الباب
togliere il catenaccio	fataḥ	فتح
aprire (vt)	fataḥ	فتح
chiudere (vt)	'afal	قفل
chiave (f)	meftāḥ (m)	مفتاح
mazzo (m)	rabṭa (f)	ربطة
cigolare (vi)	ṣarr	صر
cigolio (m)	ṣarīr (m)	صرير
cardine (m)	mafaṣṣla (f)	مفصّلة
zerbino (m)	seggādet bāb (f)	سجّادة باب
serratura (f)	'efl el bāb (m)	قفل الباب
buco (m) della serratura	χorm el meftāḥ (m)	خرم المفتاح
chiavistello (m)	terbās (m)	ترباس
catenaccio (m)	terbās (m)	ترباس
lucchetto (m)	'efl (m)	قفل
suonare (~ il campanello)	rann	رنّ
suono (m)	ranīn (m)	رنين
campanello (m)	garas (m)	جرس
pulsante (m)	zerr (m)	زرّ
bussata (f)	ṭar', da'' (m)	طرق, دقّ
bussare (vi)	χabbaṭ	خبّط

codice (m)	kōd (m)	كود
serratura (f) a codice	kōd (m)	كود
citofono (m)	garas el bāb (m)	جرس الباب
numero (m) (~ civico)	raqam (m)	رقم
targhetta (f) di porta	lawḥa (f)	لوحة
spioncino (m)	el ʿeyn el seḥriya (m)	العين السحرية

85. Casa di campagna

villaggio (m)	qarya (f)	قرية
orto (m)	bostān χoḍār (m)	بستان خضار
recinto (m)	sūr (m)	سور
steccato (m)	sūr (m)	سور
cancelletto (m)	bawwāba farʿiya (f)	بوّابة فرعيّة
granaio (m)	ʃouna (f)	شونة
cantina (f), scantinato (m)	serdāb (m)	سرداب
capanno (m)	saʾīfa (f)	سقيفة
pozzo (m)	bīr (m)	بير
stufa (f)	forn (m)	فرن
attizzare (vt)	awqad el botogāz	أوقد البوتاجاز
legna (f) da ardere	ḥaṭab (m)	حطب
ciocco (m)	ʾeṭʿet ḥaṭab (f)	قطعة حطب
veranda (f)	varannda (f)	فاراندة
terrazza (f)	ʃorfa (f)	شرفة
scala (f) d'ingresso	sellem (m)	سلّم
altalena (f)	morgeyḥa (f)	مرجيحة

86. Castello. Reggia

castello (m)	ʾalʿa (f)	قلعة
palazzo (m)	ʾaṣr (m)	قصر
fortezza (f)	ʾalʿa (f)	قلعة
muro (m)	sūr (m)	سور
torre (f)	borg (m)	برج
torre (f) principale	borbg raʾīsy (m)	برج رئيسي
saracinesca (f)	bāb motaḥarrek (m)	باب متحرّك
tunnel (m)	serdāb (m)	سرداب
fossato (m)	χondoq māʾy (m)	خندق مائي
catena (f)	selsela (f)	سلسلة
feritoia (f)	mozɣal (m)	مزغل
magnifico (agg)	rāʾeʿ	رائع
maestoso (agg)	mohīb	مهيب
inespugnabile (agg)	maneeʿ	منيع
medievale (agg)	men el qorūn el wosṭa	من القرون الوسطى

87. Appartamento

appartamento (m)	ʃa''a (f)	شقّة
camera (f), stanza (f)	oḍa (f)	أوضة
camera (f) da letto	oḍet el nome (f)	أوضة النوم
sala (f) da pranzo	oḍet el sofra (f)	أوضة السفرة
salotto (m)	oḍet el esteqbāl (f)	أوضة الإستقبال
studio (m)	maktab (m)	مكتب
ingresso (m)	madχal (m)	مدخل
bagno (m)	ḥammām (m)	حمّام
gabinetto (m)	ḥammām (m)	حمّام
soffitto (m)	sa'f (m)	سقف
pavimento (m)	arḍiya (f)	أرضية
angolo (m)	zawya (f)	زاوية

88. Appartamento. Pulizie

pulire (vt)	naḍḍaf	نظّف
mettere via	ʃāl	شال
polvere (f)	ɣobār (m)	غبار
impolverato (agg)	meɣabbar	مغبّر
spolverare (vt)	masaḥ el ɣobār	مسح الغبار
aspirapolvere (m)	maknasa kahraba'iya (f)	مكنسة كهربائيّة
passare l'aspirapolvere	naḍḍaf be maknasa kahrabā'iya	نظّف بمكنسة كهربائيّة
spazzare (vi, vt)	kanas	كنس
spazzatura (f)	qomāma (f)	قمامة
ordine (m)	nezām (m)	نظام
disordine (m)	fawḍa (m)	فوّضى
frettazzo (m)	ʃarʃūba (f)	شرشوبة
strofinaccio (m)	mamsaḥa (f)	ممسحة
scopa (f)	ma'ʃa (f)	مقشّة
paletta (f)	lammāma (f)	لمّامة

89. Arredamento. Interno

mobili (m pl)	asās (m)	أثاث
tavolo (m)	maktab (m)	مكتب
sedia (f)	korsy (m)	كرسي
letto (m)	serīr (m)	سرير
divano (m)	kanaba (f)	كنبة
poltrona (f)	korsy (m)	كرسي
libreria (f)	χazzānet kotob (f)	خزّانة كتب
ripiano (m)	raff (m)	رفّ
armadio (m)	dolāb (m)	دولاب
attaccapanni (m) da parete	ʃammā'a (f)	شمّاعة

appendiabiti (m) da terra	ʃammāʿa (f)	شمّاعة
comò (m)	dolāb adrāg (m)	دولاب أدراج
tavolino (m) da salotto	ṭarabeyzet el ʾahwa (f)	طرابيزة القهوة
specchio (m)	merāya (f)	مراية
tappeto (m)	seggāda (f)	سجّادة
tappetino (m)	seggāda (f)	سجّادة
camino (m)	daffāya (f)	دفّاية
candela (f)	ʃamʿa (f)	شمعة
candeliere (m)	ʃamʿadān (m)	شمعدان
tende (f pl)	satāʾer (pl)	ستائر
carta (f) da parati	waraʾ ḥāʾeṭ (m)	ورق حائط
tende (f pl) alla veneziana	satāʾer ofoqiya (pl)	ستائر أفقيّة
lampada (f) da tavolo	abāʒūr (f)	اباجورة
lampada (f) da parete	lammbet ḥāʾeṭ (f)	لمبة حائط
lampada (f) a stelo	meṣbāḥ arḍy (m)	مصباح أرضي
lampadario (m)	nagafa (f)	نجفة
gamba (f)	regl (f)	رجل
bracciolo (m)	masnad (m)	مسند
spalliera (f)	masnad (m)	مسند
cassetto (m)	dorg (m)	درج

90. Biancheria da letto

biancheria (f) da letto	bayāḍāt el serīr (pl)	بياضات السرير
cuscino (m)	maχadda (f)	مخدّة
federa (f)	kīs el maχadda (m)	كيس المخدّة
coperta (f)	leḥāf (m)	لحاف
lenzuolo (m)	melāya (f)	ملاية
copriletto (m)	ɣaṭāʾ el serīr (m)	غطاء السرير

91. Cucina

cucina (f)	maṭbaχ (m)	مطبخ
gas (m)	ɣāz (m)	غاز
fornello (m) a gas	botoɣāz (m)	بوتوغاز
fornello (m) elettrico	forn kaharabāʾy (m)	فرن كهربائي
forno (m)	forn (m)	فرن
forno (m) a microonde	mikroweyv (m)	ميكروويف
frigorifero (m)	tallāga (f)	ثلاجة
congelatore (m)	freyzer (m)	فريزر
lavastoviglie (f)	ɣassālet aṭbāʾ (f)	غسّالة أطباق
tritacarne (m)	farrāmet laḥm (f)	فرّامة لحم
spremifrutta (m)	ʿaṣṣāra (f)	عصّارة
tostapane (m)	maḥmaṣet χobz (f)	محمصة خبز
mixer (m)	χallāṭ (m)	خلّاط

macchina (f) da caffè	makinet ṣon' el 'ahwa (f)	ماكينة صنع القهوة
caffettiera (f)	ɣallāya kahraba'iya (f)	غلّاية القهوة
macinacaffè (m)	maṭ-ḥanet 'ahwa (f)	مطحنة قهوة
bollitore (m)	ɣallāya (f)	غلّاية
teiera (f)	barrād el ʃāy (m)	برّاد الشاي
coperchio (m)	ɣaṭā' (m)	غطاء
colino (m) da tè	maṣfāh el ʃāy (f)	مصفاة الشاي
cucchiaio (m)	ma'la'a (f)	معلقة
cucchiaino (m) da tè	ma'la'et ʃāy (f)	معلقة شاي
cucchiaio (m)	ma'la'a kebīra (f)	ملعقة كبيرة
forchetta (f)	ʃawka (f)	شوكة
coltello (m)	sekkīna (f)	سكّينة
stoviglie (f pl)	awāny (pl)	أواني
piatto (m)	ṭaba' (m)	طبق
piattino (m)	ṭaba' fengān (m)	طبق فنجان
cicchetto (m)	kāsa (f)	كاسة
bicchiere (m) (~ d'acqua)	kobbāya (f)	كوبّاية
tazzina (f)	fengān (m)	فنجان
zuccheriera (f)	sokkariya (f)	سكّريّة
saliera (f)	mamlaḥa (f)	مملحة
pepiera (f)	mobhera (f)	مبهرة
burriera (f)	ṭaba' zebda (m)	طبق زبدة
pentola (f)	ḥalla (f)	حلّة
padella (f)	ṭāsa (f)	طاسة
mestolo (m)	maɣrafa (f)	مغرفة
colapasta (m)	maṣfāh (f)	مصفاه
vassoio (m)	ṣeniya (f)	صينيّة
bottiglia (f)	ezāza (f)	إزازة
barattolo (m) di vetro	barṭamān (m)	برطمان
latta, lattina (f)	kanz (m)	كانز
apribottiglie (m)	fattāḥa (f)	فتّاحة
apriscatole (m)	fattāḥa (f)	فتّاحة
cavatappi (m)	barrīma (f)	برّيمة
filtro (m)	filter (m)	فلتر
filtrare (vt)	ṣaffa	صفّى
spazzatura (f)	zebāla (f)	زبالة
pattumiera (f)	ṣandū' el zebāla (m)	صندوق الزبالة

92. Bagno

bagno (m)	ḥammām (m)	حمّام
acqua (f)	meyāh (f)	مياه
rubinetto (m)	ḥanafiya (f)	حنفيّة
acqua (f) calda	maya soxna (f)	مايّة سخنة
acqua (f) fredda	maya barda (f)	مايّة باردة

dentifricio (m)	ma'gūn asnān (m)	معجون أسنان
lavarsi i denti	naḍḍaf el asnān	نظّف الأسنان
spazzolino (m) da denti	forʃet senān (f)	فرشة أسنان
rasarsi (vr)	ḥala'	حلق
schiuma (f) da barba	raɣwa lel ḥelā'a (f)	رغوة للحلاقة
rasoio (m)	mūs (m)	موس
lavare (vt)	ɣasal	غسل
fare un bagno	estaḥamma	إستحمّى
doccia (f)	doʃ (m)	دوش
fare una doccia	axad doʃ	أخد دوش
vasca (f) da bagno	banyo (m)	بانيو
water (m)	twalet (m)	تواليت
lavandino (m)	ḥoḍe (m)	حوض
sapone (m)	ṣabūn (m)	صابون
porta (m) sapone	ṣabbāna (f)	صبّانة
spugna (f)	līfa (f)	ليفة
shampoo (m)	ʃambū (m)	شامبو
asciugamano (m)	fūṭa (f)	فوطة
accappatoio (m)	robe el ḥammām (m)	روب حمّام
bucato (m)	ɣasīl (m)	غسيل
lavatrice (f)	ɣassāla (f)	غسّالة
fare il bucato	ɣasal el malābes	غسل الملابس
detersivo (m) per il bucato	mas-ḥū' ɣasīl (m)	مسحوق غسيل

93. Elettrodomestici

televisore (m)	televizion (m)	تليفزيون
registratore (m) a nastro	gehāz tasgīl (m)	جهاز تسجيل
videoregistratore (m)	'āla tasgīl video (f)	آلة تسجيل فيديو
radio (f)	gehāz radio (m)	جهاز راديو
lettore (m)	blayer (m)	بليير
videoproiettore (m)	gehāz 'arḍ (m)	جهاز عرض
home cinema (m)	sinema manzeliya (f)	سينما منزليّة
lettore (m) DVD	dividī blayer (m)	دي في دي بليير
amplificatore (m)	mokabbaer el ṣote (m)	مكبّر الصوت
console (f) video giochi	'ātāry (m)	أتاري
videocamera (f)	kamera video (f)	كاميرا فيديو
macchina (f) fotografica	kamera (f)	كاميرا
fotocamera (f) digitale	kamera diʒital (f)	كاميرا ديجيتال
aspirapolvere (m)	maknasa kahraba'iya (f)	مكنسة كهربائيّة
ferro (m) da stiro	makwa (f)	مكواة
asse (f) da stiro	lawḥet kayī (f)	لوحة كيّ
telefono (m)	telefon (m)	تليفون
telefonino (m)	mobile (m)	موبايل

macchina (f) da scrivere	'āla katba (f)	آلة كاتبة
macchina (f) da cucire	makanet el χeyāṭa (f)	مكنة الخياطة
microfono (m)	mikrofon (m)	ميكروفون
cuffia (f)	samma'āt ra'siya (pl)	سمّاعات رأسية
telecomando (m)	remowt kontrol (m)	ريموت كنترول
CD (m)	sidī (m)	سي دي
cassetta (f)	kasett (m)	كاسيت
disco (m) (vinile)	esṭewāna mūsīqa (f)	أسطوانة موسيقى

94. Riparazioni. Restauro

lavori (m pl) di restauro	tagdīdāt (m)	تجديدات
rinnovare (ridecorare)	gadded	جدّد
riparare (vt)	ṣallaḥ	صلّح
mettere in ordine	nazzam	نظّم
rifare (vt)	'ād	عاد
pittura (f)	dehān (m)	دهان
pitturare (~ un muro)	dahhen	دهّن
imbianchino (m)	dahhān (m)	دهّان
pennello (m)	forʃet dehān (f)	فرشاة الدهان
imbiancatura (f)	maḥlūl mobayeḍ (m)	محلول مبيّض
imbiancare (vt)	beyḍ	بيّض
carta (f) da parati	wara' ḥā'eṭ (m)	ورق حائط
tappezzare (vt)	laṣaq wara' el ḥā'eṭ	لصق ورق الحائط
vernice (f)	warnīʃ (m)	ورنيش
verniciare (vt)	ṭala bel warnīʃ	طلى بالورنيش

95. Impianto idraulico

acqua (f)	meyāh (f)	مياه
acqua (f) calda	maya soχna (f)	مايّة سخنة
acqua (f) fredda	maya barda (f)	مايّة باردة
rubinetto (m)	ḥanafiya (f)	حنفيّة
goccia (f)	'aṭra (f)	قطرة
gocciolare (vi)	'aṭṭar	قطّر
perdere (il tubo, ecc.)	sarrab	سرّب
perdita (f) (~ dai tubi)	tasarrob (m)	تسرب
pozza (f)	berka (f)	بركة
tubo (m)	masūra (f)	ماسورة
valvola (f)	ṣamām (m)	صمام
intasarsi (vr)	kān masdūd	كان مسدود
strumenti (m pl)	adawāt (pl)	أدوات
chiave (f) inglese	el meftāḥ el englīzy (m)	المفتاح الإنجليزي
svitare (vt)	fataḥ	فتح

avvitare (stringere)	aḥkam el ʃadd	أحكم الشدّ
stasare (vt)	sallek	سلّك
idraulico (m)	samkary (m)	سمكري
seminterrato (m)	badrome (m)	بدروم
fognatura (f)	ʃabaket el magāry (f)	شبكة المجاري

96. Incendio. Conflagrazione

fuoco (m)	ḥarī' (m)	حريق
fiamma (f)	lahab (m)	لهب
scintilla (f)	ʃarāra (f)	شرارة
fumo (m)	dokχān (m)	دخّان
fiaccola (f)	ʃo'la (f)	شعلة
falò (m)	nār moχayem (m)	نار مخيّم
benzina (f)	banzīn (m)	بنزين
cherosene (m)	kerosīn (m)	كيروسين
combustibile (agg)	qābel lel eḥterāq	قابل للإحتراق
esplosivo (agg)	māda motafaggera	مادة متفجّرة
VIETATO FUMARE!	mamnū' el tadχīn	ممنوع التدخين
sicurezza (f)	amn (m)	أمن
pericolo (m)	χaṭar (m)	خطر
pericoloso (agg)	χaṭīr	خطير
prendere fuoco	eʃta'al	إشتعل
esplosione (f)	enfegār (m)	إنفجار
incendiare (vt)	aʃ'al el nār	أشعل النار
incendiario (m)	moʃ'el ḥarīq 'an 'amd (m)	مشعل حريق عن عمد
incendio (m) doloso	eḥrāq el momtalakāt (m)	إحراق الممتلكات
divampare (vi)	awhag	أوهج
bruciare (vi)	et-ḥara'	إتحرق
bruciarsi (vr)	et-ḥara'	إتحرق
chiamare i pompieri	kallim 'ism el ḥarī'	كلّم قسم الحريق
pompiere (m)	rāgel el maṭāfy (m)	راجل المطافي
autopompa (f)	sayāret el maṭāfy (f)	سيّارة المطافي
corpo (m) dei pompieri	'esm el maṭāfy (f)	قسم المطافي
autoscala (f) da pompieri	sellem el maṭāfy (m)	سلّم المطافي
manichetta (f)	χarṭūm el mayya (m)	خرطوم الميّة
estintore (m)	ṭaffayet ḥarī' (f)	طفّاية حريق
casco (m)	χawza (f)	خوذة
sirena (f)	sarīna (f)	سرينة
gridare (vi)	ṣarraχ	صرّخ
chiamare in aiuto	estaɣās	إستغاث
soccorritore (m)	monqez (m)	منقذ
salvare (vt)	anqaz	أنقذ
arrivare (vi)	weṣel	وصل
spegnere (vt)	ṭaffa	طفّى
acqua (f)	meyāh (f)	مياه

sabbia (f)	raml (m)	رمل
rovine (f pl)	ḥeṭām (pl)	حطام
crollare (edificio)	enhār	إنهار
cadere (vi)	enhār	إنهار
collassare (vi)	enhār	إنهار
frammento (m)	'eṭ'et ḥeṭām (f)	قطعة حطام
cenere (f)	ramād (m)	رماد
asfissiare (vi)	eθχana'	إتخنق
morire, perire (vi)	māt	مات

ATTIVITÀ UMANA

Lavoro. Affari. Parte 1

97. Attività bancaria

banca (f)	bank (m)	بنك
filiale (f)	far' (m)	فرع
consulente (m)	mowazzaf bank (m)	موظّف بنك
direttore (m)	modīr (m)	مدير
conto (m) bancario	ḥesāb bank (m)	حساب بنك
numero (m) del conto	raqam el ḥesāb (m)	رقم الحساب
conto (m) corrente	ḥesāb gāry (m)	حساب جاري
conto (m) di risparmio	ḥesāb tawfīr (m)	حساب توّفير
aprire un conto	fataḥ ḥesāb	فتح حساب
chiudere il conto	'afal ḥesāb	قفل حساب
versare sul conto	awda' fel ḥesāb	أودع في الحساب
prelevare dal conto	saḥab men el ḥesāb	سحب من الحساب
deposito (m)	wadee'a (f)	وديعة
depositare (vt)	awda'	أودع
trasferimento (m) telegrafico	ḥewāla maṣrefiya (f)	حوالة مصرفيّة
rimettere i soldi	ḥawwel	حوّل
somma (f)	mablaɣ (m)	مبلغ
Quanto?	kām?	كام؟
firma (f)	tawqee' (m)	توقيع
firmare (vt)	waqqa'	وقّع
carta (f) di credito	kredit kard (f)	كريدت كارد
codice (m)	kōd (m)	كود
numero (m) della carta di credito	raqam el kredit kard (m)	رقم الكريدت كارد
bancomat (m)	makinet ṣarrāf 'āly (f)	ماكينة صرّاف آلي
assegno (m)	ʃīk (m)	شيك
emettere un assegno	katab ʃīk	كتب شيك
libretto (m) di assegni	daftar ʃikāt (m)	دفتر شيكات
prestito (m)	qarḍ (m)	قرض
fare domanda per un prestito	'addem ṭalab 'ala qarḍ	قدّم طلب على قرض
ottenere un prestito	ḥaṣal 'ala qarḍ	حصل على قرض
concedere un prestito	edda qarḍ	ادّى قرض
garanzia (f)	ḍamān (m)	ضمان

98. Telefono. Conversazione telefonica

telefono (m)	telefon (m)	تليفون
telefonino (m)	mobile (m)	موبايل
segreteria (f) telefonica	gehāz radd ʿalal mokalmāt (m)	جهاز ردّ على المكالمات
telefonare (vi, vt)	ettaṣal	إتّصل
chiamata (f)	mokalma telefoniya (f)	مكالمة تليفونية
comporre un numero	ettaṣal be raqam	إتّصل برقم
Pronto!	alo!	ألو!
chiedere (domandare)	sa'al	سأل
rispondere (vi, vt)	radd	ردّ
udire (vt)	semeʿ	سمع
bene	kewayes	كويّس
male	meʃ kowayīs	مش كويّس
disturbi (m pl)	taʃwīʃ (m)	تشويش
cornetta (f)	sammāʿa (f)	سمّاعة
alzare la cornetta	rafaʿ el sammāʿa	رفع السمّاعة
riattaccare la cornetta	ʾafal el sammāʿa	قفل السمّاعة
occupato (agg)	maʃɣūl	مشغول
squillare (del telefono)	rann	رنّ
elenco (m) telefonico	dalīl el telefone (m)	دليل التليفون
locale (agg)	maḥalliyya	ة محلّيّة
telefonata (f) urbana	mokalma maḥalliya (f)	مكالمة محلّيّة
interurbano (agg)	biʿīd	بعيد
telefonata (f) interurbana	mokalma biʿīda (f)	مكالمة بعيدة المدى
internazionale (agg)	dowly	دوّلي
telefonata (f) internazionale	mokalma dowliya (f)	مكالمة دوليّة

99. Telefono cellulare

telefonino (m)	mobile (m)	موبايل
schermo (m)	ʿarḍ (m)	عرض
tasto (m)	zerr (m)	زرّ
scheda SIM (f)	sim kard (m)	سيم كارد
pila (f)	baṭṭariya (f)	بطّاريّة
essere scarico	χelṣet	خلصت
caricabatteria (m)	ʃāḥen (m)	شاحن
menù (m)	qā'ema (f)	قائمة
impostazioni (f pl)	awḍāʿ (pl)	أوضاع
melodia (f)	naɣama (f)	نغمة
scegliere (vt)	eχtār	إختار
calcolatrice (f)	ʾāla ḥasba (f)	آلة حاسبة
segreteria (f) telefonica	barīd ṣawty (m)	بريد صوتي
sveglia (f)	monabbeh (m)	منبّه

contatti (m pl)	gehāt el etteṣāl (pl)	جهات الإتّصال
messaggio (m) SMS	resāla 'aṣīra ɛsɛmɛs (f)	رسالة قصيرة sms
abbonato (m)	moʃtarek (m)	مشترك

100. Articoli di cancelleria

penna (f) a sfera	'alam gāf (m)	قلم جاف
penna (f) stilografica	'alam rīʃa (m)	قلم ريشة
matita (f)	'alam roṣāṣ (m)	قلم رصاص
evidenziatore (m)	markar (m)	ماركر
pennarello (m)	'alam fulumaster (m)	قلم فلوماستر
taccuino (m)	mozakkera (f)	مذكّرة
agenda (f)	gadwal el a'māl (m)	جدول الأعمال
righello (m)	masṭara (f)	مسطرة
calcolatrice (f)	'āla ḥasba (f)	آلة حاسبة
gomma (f) per cancellare	astīka (f)	استيكة
puntina (f)	dabbūs (m)	دبّوس
graffetta (f)	dabbūs wara' (m)	دبّوس ورق
colla (f)	ṣamɣ (m)	صمغ
pinzatrice (f)	dabbāsa (f)	دبّاسة
perforatrice (f)	χarrāma (m)	خرّامة
temperamatite (m)	barrāya (f)	برّاية

Lavoro. Affari. Parte 2

101. Mezzi di comunicazione di massa

giornale (m)	garīda (f)	جريدة
rivista (f)	magalla (f)	مجلّة
stampa (f) (giornali, ecc.)	ṣaḥāfa (f)	صحافة
radio (f)	radio (m)	راديو
stazione (f) radio	maḥaṭṭet radio (f)	محطّة راديو
televisione (f)	televizion (m)	تليفزيون
presentatore (m)	mo'addem (m)	مقدّم
annunciatore (m)	mozee' (m)	مذيع
commentatore (m)	mo'alleq (m)	معلّق
giornalista (m)	ṣaḥafy (m)	صحفي
corrispondente (m)	morāsel (m)	مراسل
fotocronista (m)	moṣawwer ṣaḥafy (m)	مصوّر صحفي
cronista (m)	ṣaḥafy (m)	صحفي
redattore (m)	moḥarrer (m)	محرّر
redattore capo (m)	ra'īs taḥrīr (m)	رئيس تحرير
abbonarsi a ...	eʃtarak	إشترك
abbonamento (m)	eʃterāk (m)	إشتراك
abbonato (m)	moʃtarek (m)	مشترك
leggere (vi, vt)	'ara	قرأ
lettore (m)	qāre' (m)	قارئ
tiratura (f)	tadāwol (m)	تداول
mensile (agg)	ʃahry	شهري
settimanale (agg)	osbū'y	أسبوعي
numero (m)	'adad (m)	عدد
fresco (agg)	gedīd	جديد
testata (f)	'enwān (m)	عنوان
trafiletto (m)	maqāla saɣīra (f)	مقالة قصيرة
rubrica (f)	'amūd (m)	عمود
articolo (m)	maqāla (f)	مقالة
pagina (f)	ṣafḥa (f)	صفحة
servizio (m), reportage (m)	rebortāʒ (m)	ريبورتاج
evento (m)	ḥadass (m)	حدث
sensazione (f)	ḍagga (f)	ضجّة
scandalo (m)	feḍīḥa (f)	فضيحة
scandaloso (agg)	fāḍeḥ	فاضح
enorme (un ~ scandalo)	ʃahīr	شهير
trasmissione (f)	barnāmeg (m)	برنامج
intervista (f)	leqā' ṣaḥafy (m)	لقاء صحفي

trasmissione (f) in diretta	ezā'a mobāʃera (f)	إذاعة مباشرة
canale (m)	qanah (f)	قناة

102. Agricoltura

agricoltura (f)	zerā'a (f)	زراعة
contadino (m)	fallāḥ (m)	فلاّح
contadina (f)	fallāḥa (f)	فلاّحة
fattore (m)	mozāre' (m)	مزارع
trattore (m)	garrār (m)	جرّار
mietitrebbia (f)	ḥaṣṣāda (f)	حصّادة
aratro (m)	meḥrās (m)	محراث
arare (vt)	ḥaras	حرث
terreno (m) coltivato	ḥaql maḥrūθ (m)	حقل محروث
solco (m)	talem (m)	تلم
seminare (vt)	bezr	بذر
seminatrice (f)	bazzara (f)	بذّارة
semina (f)	zar' (m)	زرع
falce (f)	meḥasʃ (m)	محشّ
falciare (vt)	ḥasʃ	حشّ
pala (f)	karīk (m)	كريك
scavare (vt)	ḥaras	حرث
zappa (f)	magrafa (f)	مجرفة
zappare (vt)	est'ṣal nabatāt	إستأصل نباتات
erbaccia (f)	nabāt ṭafayly (m)	نبات طفيّلي
innaffiatoio (m)	raʃāʃa (f)	رشّاشة
innaffiare (vt)	sa'a	سقى
innaffiamento (m)	sa'y (m)	سقي
forca (f)	mazrāh (f)	مذراة
rastrello (m)	madamma (f)	مدمّة
concime (m)	semād (m)	سماد
concimare (vt)	sammed	سمّد
letame (m)	semād (m)	سماد
campo (m)	ḥaql (m)	حقل
prato (m)	marag (m)	مرج
orto (m)	bostān χoḍār (m)	بستان خضار
frutteto (m)	bostān (m)	بستان
pascolare (vt)	ra'a	رعى
pastore (m)	rā'y (m)	راعي
pascolo (m)	mar'a (m)	مرعى
allevamento (m) di bestiame	tarbeya el mawāʃy (f)	تربية المواشي
allevamento (m) di pecore	tarbeya aɣnām (f)	تربية أغنام

piantagione (f)	mazra'a (f)	مزرعة
filare (m) (un ~ di alberi)	ḥoḍe (m)	حوض
serra (f) da orto	dafī'a (f)	دفيئة
siccità (f)	gafāf (m)	جفاف
secco, arido (un'estate ~a)	gāf	جاف
grano (m)	ḥobūb (pl)	حبوب
cereali (m pl)	maḥaṣīl el ḥubūb (pl)	محاصيل الحبوب
raccogliere (vt)	ḥaṣad	حصد
mugnaio (m)	ṭaḥḥān (m)	طحّان
mulino (m)	ṭaḥūna (f)	طاحونة
macinare (~ il grano)	ṭaḥn el ḥobūb	طحن الحبوب
farina (f)	de'ī' (m)	دقيق
paglia (f)	'asʃ (m)	قشّ

103. Edificio. Attività di costruzione

cantiere (m) edile	arḍ benā' (f)	أرض بناء
costruire (vt)	bana	بنى
operaio (m) edile	'āmel benā' (m)	عامل بناء
progetto (m)	maʃrū' (m)	مشروع
architetto (m)	mohandes me'māry (m)	مهندس معماري
operaio (m)	'āmel (m)	عامل
fondamenta (f pl)	asās (m)	أساس
tetto (m)	sa'f (m)	سقف
palo (m) di fondazione	kawmet el asās (f)	كومة الأساس
muro (m)	ḥeyṭa (f)	حيطة
barre (f pl) di rinforzo	ḥadīd taslīḥ (m)	حديد تسليح
impalcatura (f)	sa''āla (f)	سقّالة
beton (m)	χarasāna (f)	خرسانة
granito (m)	granīt (m)	جرانيت
pietra (f)	ḥagar (m)	حجر
mattone (m)	ṭūb (m)	طوب
sabbia (f)	raml (m)	رمل
cemento (m)	asmant (m)	إسمنت
intonaco (m)	ṭalā' gaṣṣ (m)	طلاء جصّ
intonacare (vt)	ṭala bel gaṣṣ	طلى بالجصّ
pittura (f)	dehān (m)	دهان
pitturare (vt)	dahhen	دهّن
botte (f)	barmīl (m)	برميل
gru (f)	rāfe'a (f)	رافعة
sollevare (vt)	rafa'	رفع
abbassare (vt)	nazzel	نزّل
bulldozer (m)	bulldozer (m)	بولدوزر
scavatrice (f)	ḥaffāra (f)	حفّارة

cucchiaia (f)	magrafa (f)	مجرفة
scavare (vt)	ḥafar	حفر
casco (m) (~ di sicurezza)	χawza (f)	خوذة

Professioni e occupazioni

104. Ricerca di un lavoro. Licenziamento

lavoro (m)	ʿamal (m)	عمل
organico (m)	kawādir (pl)	كوادر
personale (m)	ṭāqem el ʿāmelīn (m)	طاقم العاملين
carriera (f)	mehna (f)	مهنة
prospettiva (f)	ʾāfāq (pl)	آفاق
abilità (f pl)	maharāt (pl)	مهارات
selezione (f) (~ del personale)	eχteyār (m)	إختيار
agenzia (f) di collocamento	wekālet tawẓīf (f)	وكالة توّظيف
curriculum vitae (f)	sīra zātiya (f)	سيرة ذاتيّة
colloquio (m)	moʾablet ʿamal (f)	مقابلة عمل
posto (m) vacante	wazīfa χaleya (f)	وظيفة خالية
salario (m)	morattab (m)	مرتّب
stipendio (m) fisso	rāteb sābet (m)	راتب ثابت
compenso (m)	ogra (f)	أجرة
carica (f), funzione (f)	manṣeb (m)	منصب
mansione (f)	wāgeb (m)	واجب
mansioni (f pl) di lavoro	magmūʿa men el wāgebāt (f)	مجموعة من الواجبات
occupato (agg)	maʃɣūl	مشغول
licenziare (vt)	rafad	رفد
licenziamento (m)	eqāla (m)	إقالة
disoccupazione (f)	baṭāla (f)	بطالة
disoccupato (m)	ʿāṭel (m)	عاطل
pensionamento (m)	maʿāʃ (m)	معاش
andare in pensione	oḥīl ʿala el maʿāʃ	أحيل على المعاش

105. Gente d'affari

direttore (m)	modīr (m)	مدير
dirigente (m)	modīr (m)	مدير
capo (m)	raʾīs (m)	رئيس
superiore (m)	motafawweq (m)	متفوّق
capi (m pl)	roʾasāʾ (pl)	رؤساء
presidente (m)	raʾīs (m)	رئيس
presidente (m) (impresa)	raʾīs (m)	رئيس
vice (m)	nāʾeb (m)	نائب
assistente (m)	mosāʿed (m)	مساعد

segretario (m)	sekerteyr (m)	سكرتير
assistente (m) personale	sekerteyr χāṣ (m)	سكرتير خاص
uomo (m) d'affari	ragol a'māl (m)	رجل أعمال
imprenditore (m)	rā'ed a'māl (m)	رائد أعمال
fondatore (m)	mo'asses (m)	مؤسّس
fondare (vt)	asses	أسّس
socio (m)	mo'asses (m)	مؤسّس
partner (m)	ʃerīk (m)	شريك
azionista (m)	mālek el as-hom (m)	مالك الأسهم
milionario (m)	millyonīr (m)	مليونير
miliardario (m)	milliardīr (m)	مليارديـر
proprietario (m)	ṣāḥeb (m)	صاحب
latifondista (m)	ṣāḥeb el arḍ (m)	صاحب الأرض
cliente (m) (di professionista)	'amīl (m)	عميل
cliente (m) abituale	'amīl dā'em (m)	عميل دائم
compratore (m)	moʃtary (m)	مشتري
visitatore (m)	zā'er (m)	زائر
professionista (m)	moḥtaref (m)	محترف
esperto (m)	χabīr (m)	خبير
specialista (m)	motaχaṣṣeṣ (m)	متخصّص
banchiere (m)	ṣāḥeb maṣraf (m)	صاحب مصرف
broker (m)	semsār (m)	سمسار
cassiere (m)	'āmel kaʃier (m)	عامل كاشيير
contabile (m)	muḥāseb (m)	محاسب
guardia (f) giurata	ḥāres amn (m)	حارس أمن
investitore (m)	mostasmer (m)	مستثمر
debitore (m)	modīn (m)	مدين
creditore (m)	dā'en (m)	دائن
mutuatario (m)	moqtareḍ (m)	مقترض
importatore (m)	mostawred (m)	مستورّد
esportatore (m)	moṣadder (m)	مصدّر
produttore (m)	el ʃerka el moṣanne'a (f)	الشركة المصنّعة
distributore (m)	mowazze' (m)	موزّع
intermediario (m)	wasīṭ (m)	وسيط
consulente (m)	mostaʃār (m)	مستشار
rappresentante (m)	mandūb mabi'āt (m)	مندوب مبيعات
agente (m)	wakīl (m)	وكيل
assicuratore (m)	wakīl el ta'mīn (m)	وكيل التأمين

106. Professioni amministrative

cuoco (m)	ṭabbāχ (m)	طبّاخ
capocuoco (m)	el ʃeyf (m)	الشيف

fornaio (m)	χabbāz (m)	خبّاز
barista (m)	bārman (m)	بارمان
cameriere (m)	garsone (m)	جرسون
cameriera (f)	garsona (f)	جرسونة
avvocato (m)	muḥāmy (m)	محامي
esperto (m) legale	muḥāmy χabīr qanūny (m)	محامي خبير قانوني
notaio (m)	mowassaq (m)	موثّق
elettricista (m)	kahrabā'y (m)	كهربائي
idraulico (m)	samkary (m)	سمكري
falegname (m)	naggār (m)	نجّار
massaggiatore (m)	modallek (m)	مدلّك
massaggiatrice (f)	modalleka (f)	مدلّكة
medico (m)	doktore (m)	دكتور
taxista (m)	sawwā' taksi (m)	سوّاق تاكسي
autista (m)	sawwā' (m)	سوّاق
fattorino (m)	rāgel el delivery (m)	راجل الديلفري
cameriera (f)	'āmela tandīf ɣoraf (f)	عاملة تنظيف غرف
guardia (f) giurata	ḥāres amn (m)	حارس أمن
hostess (f)	moḍīfet ṭayarān (f)	مضيفة طيران
insegnante (m, f)	modarres madrasa (m)	مدرّس مدرسة
bibliotecario (m)	amīn maktaba (m)	أمين مكتبة
traduttore (m)	motargem (m)	مترجم
interprete (m)	motargem fawwry (m)	مترجم فوّري
guida (f)	morʃed (m)	مرشد
parrucchiere (m)	ḥallā' (m)	حلّاق
postino (m)	sā'y el barīd (m)	ساعي البريد
commesso (m)	bayā' (m)	بيّاع
giardiniere (m)	bostāny (m)	بستاني
domestico (m)	χādema (m)	خادمة
domestica (f)	χadema (f)	خادمة
donna (f) delle pulizie	'āmela tandīf (f)	عاملة تنظيف

107. Professioni militari e gradi

soldato (m) semplice	gondy (m)	جندي
sergente (m)	raqīb tāny (m)	رقيب تاني
tenente (m)	molāzem tāny (m)	ملازم تاني
capitano (m)	naqīb (m)	نقيب
maggiore (m)	rā'ed (m)	رائد
colonnello (m)	'aqīd (m)	عقيد
generale (m)	ʒenerāl (m)	جنرال
maresciallo (m)	marʃāl (m)	مارشال
ammiraglio (m)	amerāl (m)	أميرال
militare (m)	'askary (m)	عسكري
soldato (m)	gondy (m)	جندي

ufficiale (m)	ḍābeṭ (m)	ضابط
comandante (m)	qā'ed (m)	قائد
guardia (f) di frontiera	ḥaras ḥodūd (m)	حرس حدود
marconista (m)	ʿāmel lāselky (m)	عامل لاسلكي
esploratore (m)	rā'ed mostakʃef (m)	رائد مستكشف
geniere (m)	mohandes ʿaskary (m)	مهندس عسكري
tiratore (m)	rāmy (m)	رامي
navigatore (m)	mallāḥ (m)	ملاّح

108. Funzionari. Sacerdoti

re (m)	malek (m)	ملك
regina (f)	maleka (f)	ملكة
principe (m)	amīr (m)	أمير
principessa (f)	amīra (f)	أميرة
zar (m)	qayṣar (m)	قيصر
zarina (f)	qayṣara (f)	قيصرة
presidente (m)	raʾīs (m)	رئيس
ministro (m)	wazīr (m)	وزير
primo ministro (m)	raʾīs wozarā' (m)	رئيس وزراء
senatore (m)	ʿoḍw magles el ʃoyūχ (m)	عضو مجلس الشيوخ
diplomatico (m)	deblomāsy (m)	دبلوماسي
console (m)	qonṣol (m)	قنصل
ambasciatore (m)	safīr (m)	سفير
consigliere (m)	mostaʃār (m)	مستشار
funzionario (m)	mowazzaf (m)	موظّف
prefetto (m)	raʾīs edāret el ḥayī (m)	رئيس إدارة الحي
sindaco (m)	raʾīs el baladiya (m)	رئيس البلديّة
giudice (m)	qāḍy (m)	قاضي
procuratore (m)	el na'eb el ʿām (m)	النائب العام
missionario (m)	mobasʃer (m)	مبشّر
monaco (m)	rāheb (m)	راهب
abate (m)	raʾīs el deyr (m)	رئيس الدير
rabbino (m)	ḥaχām (m)	حاخام
visir (m)	wazīr (m)	وزير
scià (m)	ʃāh (m)	شاه
sceicco (m)	ʃɛyχ (m)	شيخ

109. Professioni agricole

apicoltore (m)	naḥḥāl (m)	نحّال
pastore (m)	rāʿy (m)	راعي
agronomo (m)	mohandes zerāʿy (m)	مهندس زراعي

allevatore (m) di bestiame	morabby el mawāʃy (m)	مربّي المواشي
veterinario (m)	doktore beṭary (m)	دكتور بيطري
fattore (m)	mozāre' (m)	مزارع
vinificatore (m)	ṣāne' el χamr (m)	صانع الخمر
zoologo (m)	χabīr fe 'elm el ḥayawān (m)	خبير في علم الحيوان
cowboy (m)	rā'y el ba'ar (m)	راعي البقر

110. Professioni artistiche

attore (m)	momassel (m)	ممثّل
attrice (f)	momassela (f)	ممثّلة
cantante (m)	moṭreb (m)	مطرب
cantante (f)	moṭreba (f)	مطربة
danzatore (m)	rāqeṣ (m)	راقص
ballerina (f)	ra'āṣa (f)	راقصة
artista (m)	fannān (m)	فنّان
artista (f)	fannāna (f)	فنّانة
musicista (m)	'āzef (m)	عازف
pianista (m)	'āzef biano (m)	عازف بيانو
chitarrista (m)	'āzef guitar (m)	عازف جيتار
direttore (m) d'orchestra	qā'ed orkestra (m)	قائد أوركسترا
compositore (m)	molaḥḥen (m)	ملحّن
impresario (m)	modīr fer'a (m)	مدير فرقة
regista (m)	moχreg aflām (m)	مخرج أفلام
produttore (m)	monteg (m)	منتج
sceneggiatore (m)	kāteb senario (m)	كاتب سيناريو
critico (m)	nāqed (m)	ناقد
scrittore (m)	kāteb (m)	كاتب
poeta (m)	ʃā'er (m)	شاعر
scultore (m)	naḥḥāt (m)	نحّات
pittore (m)	rassām (m)	رسّام
giocoliere (m)	bahlawān (m)	بهلوان
pagliaccio (m)	aragoze (m)	أراجوز
acrobata (m)	bahlawān (m)	بهلوان
prestigiatore (m)	sāḥer (m)	ساحر

111. Professioni varie

medico (m)	doktore (m)	دكتور
infermiera (f)	momarreḍa (f)	ممرّضة
psichiatra (m)	doktore nafsāny (m)	دكتور نفساني
dentista (m)	doktore asnān (m)	دكتور أسنان
chirurgo (m)	garrāḥ (m)	جرّاح

astronauta (m)	rā'ed faḍā' (m)	رائد فضاء
astronomo (m)	'ālem falak (m)	عالم فلك
pilota (m)	ṭayār (m)	طيّار
autista (m)	sawwā' (m)	سوّاق
macchinista (m)	sawwā' (m)	سوّاق
meccanico (m)	mikanīky (m)	ميكانيكي
minatore (m)	'āmel mangam (m)	عامل منجم
operaio (m)	'āmel (m)	عامل
operaio (m) metallurgico	'affāl (m)	قفّال
falegname (m)	naggār (m)	نجّار
tornitore (m)	χarrāṭ (m)	خرّاط
operaio (m) edile	'āmel benā' (m)	عامل بناء
saldatore (m)	laḥḥām (m)	لحّام
professore (m)	brofessor (m)	بروفيسور
architetto (m)	mohandes me'māry (m)	مهندس معماري
storico (m)	mo'arreχ (m)	مؤرّخ
scienziato (m)	'ālem (m)	عالم
fisico (m)	fizyā'y (m)	فيزيائي
chimico (m)	kemyā'y (m)	كيميائي
archeologo (m)	'ālem'āsār (m)	عالم آثار
geologo (m)	ʒeoloʒy (m)	جيولوجي
ricercatore (m)	bāḥes (m)	باحث
baby-sitter (m, f)	dāda (f)	دادة
insegnante (m, f)	mo'allem (m)	معلّم
redattore (m)	moḥarrer (m)	محرّر
redattore capo (m)	ra'īs taḥrīr (m)	رئيس تحرير
corrispondente (m)	morāsel (m)	مراسل
dattilografa (f)	kāteba 'ala el 'āla el kāteba (f)	كاتبة على الآلة الكاتبة
designer (m)	moṣammem (m)	مصمّم
esperto (m) informatico	motaχaṣṣeṣ bel kombuter (m)	متخصص بالكمبيوتر
programmatore (m)	mobarmeg (m)	مبرمج
ingegnere (m)	mohandes (m)	مهندس
marittimo (m)	baḥḥār (m)	بحّار
marinaio (m)	baḥḥār (m)	بحّار
soccorritore (m)	monqez (m)	منقذ
pompiere (m)	rāgel el maṭāfy (m)	راجل المطافئ
poliziotto (m)	ʃorṭy (m)	شرطي
guardiano (m)	ḥāres (m)	حارس
detective (m)	moḥaqqeq (m)	محقّق
doganiere (m)	mowazzaf el gamārek (m)	موظّف الجمارك
guardia (f) del corpo	ḥāres ʃaχṣy (m)	حارس شخصي
guardia (f) carceraria	ḥāres segn (m)	حارس سجن
ispettore (m)	mofatteʃ (m)	مفتّش
sportivo (m)	reyāḍy (m)	رياضي
allenatore (m)	modarreb (m)	مدرّب

macellaio (m)	gazzār (m)	جزّار
calzolaio (m)	eskāfy (m)	إسكافي
uomo (m) d'affari	tāger (m)	تاجر
caricatore (m)	ʃayāl (m)	شيّال
stilista (m)	moṣammem azyā' (m)	مصمّم أزياء
modella (f)	modeyl (f)	موديل

112. Attività lavorative. Condizione sociale

scolaro (m)	talmīz (m)	تلميذ
studente (m)	ṭāleb (m)	طالب
filosofo (m)	faylasūf (m)	فيلسوف
economista (m)	eqtiṣādy (m)	إقتصادي
inventore (m)	moχtareʿ (m)	مخترع
disoccupato (m)	ʿāṭel (m)	عاطل
pensionato (m)	motaqāʿed (m)	متقاعد
spia (f)	gasūs (m)	جاسوس
detenuto (m)	sagīn (m)	سجين
scioperante (m)	moḍrab (m)	مضرب
burocrate (m)	buroqrāṭy (m)	بيوروقراطي
viaggiatore (m)	raḥḥāla (m)	رحّالة
omosessuale (m)	ʃāz (m)	شاذ
hacker (m)	haker (m)	هاكر
hippy (m, f)	hippi (m)	هيبي
bandito (m)	qāṭeʿ ṭarīʾ (m)	قاطع طريق
sicario (m)	qātel maʾgūr (m)	قاتل مأجور
drogato (m)	modmen moχaddarāt (m)	مدمن مخدّرات
trafficante (m) di droga	tāger moχaddarāt (m)	تاجر مخدّرات
prostituta (f)	mommos (f)	مومّس
magnaccia (m)	qawwād (m)	قوّاد
stregone (m)	sāḥer (m)	ساحر
strega (f)	sāḥera (f)	ساحرة
pirata (m)	ʾorṣān (m)	قرصان
schiavo (m)	ʿabd (m)	عبد
samurai (m)	samuray (m)	ساموراي
selvaggio (m)	motawaḥḥeʃ (m)	متوحّش

Sport

113. Tipi di sport. Sportivi

sportivo (m)	reyāḍy (m)	رياضي
sport (m)	nū' men el reyāḍa (m)	نوع من الرياضة
pallacanestro (m)	koret el salla (f)	كرة السلّة
cestista (m)	lā'eb korat el salla (m)	لاعب كرة السلّة
baseball (m)	baseball (m)	بيسبول
giocatore (m) di baseball	lā'eb basebāl (m)	لاعب بيسبول
calcio (m)	koret el qadam (f)	كرة القدم
calciatore (m)	lā'eb korat qadam (m)	لاعب كرة القدم
portiere (m)	ḥāres el marma (m)	حارس المرمى
hockey (m)	hoky (m)	هوكي
hockeista (m)	lā'eb hoky (m)	لاعب هوكي
pallavolo (m)	voliball (m)	فولي بول
pallavolista (m)	lā'eb volly bal (m)	لاعب فولي بول
pugilato (m)	molakma (f)	ملاكمة
pugile (m)	molākem (m)	ملاكم
lotta (f)	moṣar'a (f)	مصارعة
lottatore (m)	moṣāre' (m)	مصارع
karate (m)	karate (m)	كاراتيه
karateka (m)	lā'eb karateyh (m)	لاعب كاراتيه
judo (m)	ʒudo (m)	جودو
judoista (m)	lā'eb ʒudo (m)	لاعب جودو
tennis (m)	tennis (m)	تنّس
tennista (m)	lā'eb tennis (m)	لاعب تنس
nuoto (m)	sebāḥa (f)	سباحة
nuotatore (m)	sabbāḥ (m)	سبّاح
scherma (f)	mobarza (f)	مبارزة
schermitore (m)	mobārez (m)	مبارز
scacchi (m pl)	ʃaṭarang (m)	شطرنج
scacchista (m)	lā'eb ʃaṭarang (m)	لاعب شطرنج
alpinismo (m)	tasalloq el gebāl (m)	تسلّق الجبال
alpinista (m)	motasalleq el gebāl (m)	متسلّق الجبال
corsa (f)	garyī (m)	جريّ

corridore (m)	'addā' (m)	عدّاء
atletica (f) leggera	al'āb el qowa (pl)	ألعاب القوى
atleta (m)	lā'eb reyāḍy (m)	لاعب رياضي
ippica (f)	reyāḍa el forūsiya (f)	رياضة الفروسيّة
fantino (m)	fāres (m)	فارس
pattinaggio (m) artistico	tazallog fanny 'alal galīd (m)	تزلّج فنّي على الجليد
pattinatore (m)	motazalleg rāqeṣ (m)	متزلّج راقص
pattinatrice (f)	motazallega rāqeṣa (f)	متزلّجة راقصة
pesistica (f)	raf' el asqāl (m)	رفع الأثقال
pesista (m)	rāfe' el asqāl (m)	رافع الأثقال
automobilismo (m)	sebā' el sayarāt (m)	سباق السيارات
pilota (m)	sawwā' sebā' (m)	سائق سباق
ciclismo (m)	rokūb el darragāt (m)	ركوب الدرّاجات
ciclista (m)	lā'eb el darrāga (m)	لاعب الدرّاجة
salto (m) in lungo	el qafz el 'āly (m)	القفز العالي
salto (m) con l'asta	el qafz bel 'aṣa (m)	القفز بالعصا
saltatore (m)	qāfez (m)	قافز

114. Tipi di sport. Varie

football (m) americano	koret el qadam (f)	كرة القدم
badminton (m)	el rīʃa (m)	الريشة
biathlon (m)	el biatlon (m)	البياتلون
biliardo (m)	bilyardo (m)	بلياردو
bob (m)	zalāga gama'iya (f)	زلاجة جماعية
culturismo (m)	body building (m)	بادي بيلدنج
pallanuoto (m)	koret el maya (f)	كرة الميّة
pallamano (m)	koret el yad (f)	كرة اليد
golf (m)	golf (m)	جولف
canottaggio (m)	tagdīf (m)	تجديف
immersione (f) subacquea	ɣoṣe (m)	غوص
sci (m) di fondo	reyāḍa el ski (f)	رياضة الإسكي
tennis (m) da tavolo	koret el ṭawla (f)	كرة الطاولة
vela (f)	reyāḍa ebḥār el marākeb (f)	رياضة إبحار المراكب
rally (m)	sebā' el sayarāt (m)	سباق السيارات
rugby (m)	rugby (m)	رجبي
snowboard (m)	el tazallog 'lal galīd (m)	التزلّج على الجليد
tiro (m) con l'arco	remāya (f)	رماية

115. Palestra

bilanciere (m)	bār ḥadīd (m)	بار حديد
manubri (m pl)	dumbbells (m)	دمبلز

attrezzo (m) sportivo	gehāz tadrīb (m)	جهاز تدريب
cyclette (f)	ʿagalet tadrīb (f)	عجلة تدريب
tapis roulant (m)	trīdmil (f)	تريد ميل
sbarra (f)	ʿoʾla (f)	عقلة
parallele (f pl)	el motawaziyīn (pl)	المتوازيين
cavallo (m)	manaṣṣet el qafz (f)	منصّة القفز
materassino (m)	ḥaṣīra (f)	حصيرة
corda (f) per saltare	ḥabl el naṭṭ (m)	حبل النطّ
aerobica (f)	aerobiks (m)	ايروبيكس
yoga (m)	yoga (f)	يوجا

116. Sport. Varie

Giochi (m pl) Olimpici	alʿāb olombiya (pl)	ألعاب أولمبيّة
vincitore (m)	fāʾez (m)	فائز
ottenere la vittoria	fāz	فاز
vincere (vi)	fāz	فاز
leader (m), capo (m)	zaʿīm (m)	زعيم
essere alla guida	taʾaddam	تقدّم
primo posto (m)	el martaba el ūla (f)	المرتبة الأولى
secondo posto (m)	el martaba el tanya (f)	المرتبة الثانية
terzo posto (m)	el martaba el talta (f)	المرتبة الثالثة
medaglia (f)	medalya (f)	ميدالية
trofeo (m)	kaʾs (f)	كأس
coppa (f) (trofeo)	kaʾs (f)	كأس
premio (m)	gayza (f)	جائزة
primo premio (m)	akbar gayza (f)	أكبر جائزة
record (m)	raqam qeyāsy (m)	رقم قياسي
stabilire un record	fāz be raqam qeyāsy	فاز برقم قياسي
finale (m)	mobarāh nehaʾiya (f)	مباراة نهائيّة
finale (agg)	nehāʾy	نهائي
campione (m)	baṭal (m)	بطل
campionato (m)	boṭūla (f)	بطولة
stadio (m)	malʿab (m)	ملعب
tribuna (f)	modarrag (m)	مدرّج
tifoso, fan (m)	moʃaggeʿ (m)	مشجّع
avversario (m)	ʿadeww (m)	عدوّ
partenza (f)	χaṭṭ el bedāya (m)	خطّ البداية
traguardo (m)	χaṭṭ el nehāya (m)	خطّ النهاية
sconfitta (f)	hazīma (f)	هزيمة
perdere (vt)	χeser	خسر
arbitro (m)	ḥakam (m)	حكم
giuria (f)	hayʾet el ḥokm (f)	هيئة الحكم

punteggio (m)	natīga (f)	نتيجة
pareggio (m)	ta'ādol (m)	تعادل
pareggiare (vi)	ta'ādal	تعادل
punto (m)	no'ṭa (f)	نقطة
risultato (m)	natīga neha'iya (f)	نتيجة نهائية
tempo (primo ~)	ʃoṭe (m)	شوط
intervallo (m)	beyn el ʃoṭeyn	بين الشوطين
doping (m)	monasʃeṭāt (pl)	منشّطات
penalizzare (vt)	'āqab	عاقب
squalificare (vt)	ḥaram	حرم
attrezzatura (f)	adah (f)	أداة
giavellotto (m)	remḥ (m)	رمح
peso (m) (sfera metallica)	kora ma'daniya (f)	كرة معدنية
biglia (f) (palla)	kora (f)	كرة
obiettivo (m)	hadaf (m)	هدف
bersaglio (m)	hadaf (m)	هدف
sparare (vi)	ḍarab bel nār	ضرب بالنار
preciso (agg)	maḍbūṭ	مضبوط
allenatore (m)	modarreb (m)	مدرّب
allenare (vt)	darrab	درّب
allenarsi (vr)	etdarrab	إتدرّب
allenamento (m)	tadrīb (m)	تدريب
palestra (f)	gīm (m)	جيم
esercizio (m)	tamrīn (m)	تمرين
riscaldamento (m)	tasχīn (m)	تسخين

Istruzione

117. Scuola

scuola (f)	madrasa (f)	مدرسة
direttore (m) di scuola	modīr el madrasa (m)	مدير المدرسة
allievo (m)	talmīz (m)	تلميذ
allieva (f)	telmīza (f)	تلميذة
scolaro (m)	talmīz (m)	تلميذ
scolara (f)	telmīza (f)	تلميذة
insegnare (qn)	ʿallem	علّم
imparare (una lingua)	taʿallam	تعلّم
imparare a memoria	ḥafaẓ	حفظ
studiare (vi)	taʿallam	تعلّم
frequentare la scuola	daras	درس
andare a scuola	rāḥ el madrasa	راح المدرسة
alfabeto (m)	abgadiya (f)	أبجدية
materia (f)	madda (f)	مادّة
classe (f)	faṣl (m)	فصل
lezione (f)	dars (m)	درس
ricreazione (f)	estrāḥa (f)	إستراحة
campanella (f)	garas el madrasa (m)	جرس المدرسة
banco (m)	disk el madrasa (m)	ديسك المدرسة
lavagna (f)	sabbūra (f)	سبّورة
voto (m)	daraga (f)	درجة
voto (m) alto	daraga kewayesa (f)	درجة كويسة
voto (m) basso	daraga meʃ kewayesa (f)	درجة مش كويسة
dare un voto	edda daraga	إدّى درجة
errore (m)	χaṭaʾ (m)	خطأ
fare errori	aχṭaʾ	أخطأ
correggere (vt)	ṣaḥḥaḥ	صحّح
bigliettino (m)	berʃām (m)	برشام
compiti (m pl)	wāgeb (m)	واجب
esercizio (m)	tamrīn (m)	تمرين
essere presente	ḥaḍar	حضر
essere assente	ɣāb	غاب
mancare le lezioni	taɣeyyab ʿan el madrasa	تغيّب عن المدرسة
punire (vt)	ʿāqab	عاقب
punizione (f)	ʿeqāb (m)	عقاب
comportamento (m)	solūk (m)	سلوك

pagella (f)	el taqrīr el madrasy (m)	التقرير المدرسي
matita (f)	ʾalam roṣāṣ (m)	قلم رصاص
gomma (f) per cancellare	astīka (f)	استيكة
gesso (m)	ṭabaʃīr (m)	طباشير
astuccio (m) portamatite	maʾlama (f)	مقلمة
cartella (f)	ʃanṭet el madrasa (f)	شنطة المدرسة
penna (f)	ʾalam (m)	قلم
quaderno (m)	daftar (m)	دفتر
manuale (m)	ketāb taʿlīm (m)	كتاب تعليم
compasso (m)	bargal (m)	برجل
disegnare (tracciare)	rasam rasm teqany	رسم رسم تقني
disegno (m) tecnico	rasm teqany (m)	رسم تقني
poesia (f)	ʾaṣīda (f)	قصيدة
a memoria	ʿan ẓahr qalb	عن ظهر قلب
imparare a memoria	ḥafaẓ	حفظ
vacanze (f pl) scolastiche	agāza (f)	أجازة
essere in vacanza	ʿando agāza	عنده أجازة
passare le vacanze	ʾaḍa el agāza	قضى الأجازة
prova (f) scritta	emteḥān (m)	إمتحان
composizione (f)	enʃāʾ (m)	إنشاء
dettato (m)	emlāʾ (m)	إملاء
esame (m)	emteḥān (m)	إمتحان
sostenere un esame	ʿamal emteḥān	عمل إمتحان
esperimento (m)	tagreba (f)	تجربة

118. Istituto superiore. Università

accademia (f)	akademiya (f)	أكاديميّة
università (f)	gamʿa (f)	جامعة
facoltà (f)	kolliya (f)	كلّيّة
studente (m)	ṭāleb (m)	طالب
studentessa (f)	ṭāleba (f)	طالبة
docente (m, f)	muḥāḍer (m)	محاضر
aula (f)	modarrag (m)	مدرّج
diplomato (m)	motaχarreg (m)	متخرج
diploma (m)	dibloma (f)	دبلومة
tesi (f)	resāla ʿelmiya (f)	رسالة علميّة
ricerca (f)	derāsa (f)	دراسة
laboratorio (m)	moχtabar (m)	مختبر
lezione (f)	moḥaḍra (f)	محاضرة
compagno (m) di corso	zamīl fel ṣaff (m)	زميل في الصفّ
borsa (f) di studio	menḥa derāsiya (f)	منحة دراسيّة
titolo (m) accademico	daraga ʿelmiya (f)	درجة علميّة

119. Scienze. Discipline

matematica (f)	reyāḍīāt (pl)	رياضيّات
algebra (f)	el gabr (m)	الجبر
geometria (f)	handasa (f)	هندسة
astronomia (f)	'elm el falak (m)	علم الفلك
biologia (f)	al aḥya' (m)	الأحياء
geografia (f)	goɣrafia (f)	جغرافيا
geologia (f)	ʒeoloʒia (f)	جيولوجيا
storia (f)	tarīχ (m)	تاريخ
medicina (f)	ṭebb (m)	طبّ
pedagogia (f)	tarbeya (f)	تربية
diritto (m)	qanūn (m)	قانون
fisica (f)	fezya' (f)	فيزياء
chimica (f)	kemya' (f)	كيمياء
filosofia (f)	falsafa (f)	فلسفة
psicologia (f)	'elm el nafs (m)	علم النفس

120. Sistema di scrittura. Ortografia

grammatica (f)	el naḥw wel ṣarf (m)	النحو والصرف
lessico (m)	mofradāt el loɣa (pl)	مفردات اللغة
fonetica (f)	ṣawtīāt (pl)	صوتيات
sostantivo (m)	esm (m)	اسم
aggettivo (m)	ṣefa (f)	صفة
verbo (m)	fe'l (m)	فعل
avverbio (m)	ẓarf (m)	ظرف
pronome (m)	ḍamīr (m)	ضمير
interiezione (f)	oslūb el ta'aggob (m)	أسلوب التعجّب
preposizione (f)	ḥarf el garr (m)	حرف الجرّ
radice (f)	gezr el kelma (m)	جذر الكلمة
desinenza (f)	nehāya (f)	نهاية
prefisso (m)	sabaeqa (f)	سابقة
sillaba (f)	maqṭa' lafzy (m)	مقطع لفظي
suffisso (m)	lāḥeqa (f)	لاحقة
accento (m)	nabra (f)	نبرة
apostrofo (m)	'alāmet ḥazf (f)	علامة حذف
punto (m)	no'ṭa (f)	نقطة
virgola (f)	faṣla (f)	فاصلة
punto (m) e virgola	no'ṭa w faṣla (f)	نقطة وفاصلة
due punti	no'ṭeteyn (pl)	نقطتين
puntini di sospensione	talat no'aṭ (pl)	ثلاث نقط
punto (m) interrogativo	'alāmet estefhām (f)	علامة إستفهام
punto (m) esclamativo	'alāmet ta'aggob (f)	علامة تعجّب

virgolette (f pl)	'alamāt el eqtebās (pl)	علامات الإقتباس
tra virgolette	beyn 'alamaty el eqtebās	بين علامتي الاقتباس
parentesi (f pl)	qoseyn (du)	قوسين
tra parentesi	beyn el qoseyn	بين القوسين
trattino (m)	'alāmet waṣl (f)	علامة وصل
lineetta (f)	ʃorṭa (f)	شرطة
spazio (m) (tra due parole)	farāɣ (m)	فراغ
lettera (f)	ḥarf (m)	حرف
lettera (f) maiuscola	ḥarf kebīr (m)	حرف كبير
vocale (f)	ḥarf ṣauty (m)	حرف صوتي
consonante (f)	ḥarf sāken (m)	حرف ساكن
proposizione (f)	gomla (f)	جملة
soggetto (m)	fā'el (m)	فاعل
predicato (m)	mosnad (m)	مسند
riga (f)	saṭr (m)	سطر
a capo	men bedāyet el saṭr	من بداية السطر
capoverso (m)	faqra (f)	فقرة
parola (f)	kelma (f)	كلمة
gruppo (m) di parole	magmū'a men el kelamāt (pl)	مجموعة من الكلمات
espressione (f)	moṣṭalaḥ (m)	مصطلح
sinonimo (m)	morādef (m)	مرادف
antonimo (m)	motaḍād loɣawy (m)	متضاد لغوي
regola (f)	qa'eda (f)	قاعدة
eccezione (f)	estesnā' (m)	إستثناء
giusto (corretto)	ṣaḥīḥ	صحيح
coniugazione (f)	ṣarf (m)	صرف
declinazione (f)	taṣrīf el asmā' (m)	تصريف الأسماء
caso (m) nominativo	ḥāla esmiya (f)	حالة أسمية
domanda (f)	so'āl (m)	سؤال
sottolineare (vt)	ḥaṭṭ χaṭṭ taḥt	حطّ خطّ تحت
linea (f) tratteggiata	χaṭṭ mena''aṭ (m)	خطّ منقّط

121. Lingue straniere

lingua (f)	loɣa (f)	لغة
straniero (agg)	agnaby	أجنبيّ
lingua (f) straniera	loɣa agnabiya (f)	لغة أجنبية
studiare (vt)	daras	درس
imparare (una lingua)	ta'allam	تعلّم
leggere (vi, vt)	'ara	قرأ
parlare (vi, vt)	kallem	كلّم
capire (vt)	fehem	فهم
scrivere (vi, vt)	katab	كتب
rapidamente	bosor'a	بسرعة
lentamente	bo boṭ'	ببطء

correntemente	beṭalāqa	بطلاقة
regole (f pl)	qawā'ed (pl)	قواعد
grammatica (f)	el naḥw wel ṣarf (m)	النحو والصرف
lessico (m)	mofradāt el loɣa (pl)	مفردات اللغة
fonetica (f)	ṣawtīāt (pl)	صوتيات
manuale (m)	ketāb ta'līm (m)	كتاب تعليم
dizionario (m)	qamūs (m)	قاموس
manuale (m) autodidattico	ketāb ta'līm zāty (m)	كتاب تعليم ذاتي
frasario (m)	ketāb lel 'ebarāt el ʃā'e'a (m)	كتاب للعبارت الشائعة
cassetta (f)	kasett (m)	كاسيت
videocassetta (f)	ʃerī't video (m)	شريط فيديو
CD (m)	sidī (m)	سي دي
DVD (m)	dividī (m)	دي في دي
alfabeto (m)	abgadiya (f)	أبجدية
compitare (vt)	tahagga	تهجّى
pronuncia (f)	noṭ' (m)	نطق
accento (m)	lahga (f)	لهجة
con un accento	be lahga	بـ لهجة
senza accento	men ɣeyr lahga	من غير لهجة
vocabolo (m)	kelma (f)	كلمة
significato (m)	ma'na (m)	معنى
corso (m) (~ di francese)	dawra (f)	دورة
iscriversi (vr)	saggel esmo	سجّل إسمه
insegnante (m, f)	modarres (m)	مدرّس
traduzione (f) (fare una ~)	targama (f)	ترجمة
traduzione (f) (un testo)	targama (f)	ترجمة
traduttore (m)	motargem (m)	مترجم
interprete (m)	motargem fawwry (m)	مترجم فوّري
poliglotta (m)	'alīm be'eddet loɣāt (m)	عليم بعدّة لغات
memoria (f)	zākera (f)	ذاكرة

122. Personaggi delle fiabe

Babbo Natale (m)	baba neweyl (m)	بابا نويل
Cenerentola (f)	sindrīla	سيندريلا
sirena (f)	'arūset el baḥr (f)	عروسة البحر
Nettuno (m)	nibtūn (m)	نبتون
mago (m)	sāḥer (m)	ساحر
fata (f)	genniya (f)	جنّيّة
magico (agg)	seḥry	سحري
bacchetta (f) magica	el 'aṣāya el seḥriya (f)	العصاية السحرية
fiaba (f), favola (f)	ḥekāya χayaliya (f)	حكاية خيالية
miracolo (m)	mo'geza (f)	معجزة
nano (m)	qazam (m)	قزم

trasformarsi in ...	taḥawwal ela ...	تحوّل إلى...
fantasma (m)	ʃabaḥ (m)	شبح
spettro (m)	ʃabaḥ (m)	شبح
mostro (m)	waḥʃ (m)	وحش
drago (m)	tennīn (m)	تنّين
gigante (m)	‘emlāq (m)	عملاق

123. Segni zodiacali

Ariete (m)	borg el ḥaml (m)	برج الحمل
Toro (m)	borg el sore (m)	برج الثور
Gemelli (m pl)	borg el gawzā’ (m)	برج الجوزاء
Cancro (m)	borg el saraṭān (m)	برج السرطان
Leone (m)	borg el asad (m)	برج الأسد
Vergine (f)	borg el ‘azrā’ (m)	برج العذراء
Bilancia (f)	borg el mezān (m)	برج الميزان
Scorpione (m)	borg el ‘a’rab (m)	برج العقرب
Sagittario (m)	borg el qose (m)	برج القوس
Capricorno (m)	borg el gady (m)	برج الجدي
Acquario (m)	borg el dalw (m)	برج الدلو
Pesci (m pl)	borg el ḥūt (m)	برج الحوت
carattere (m)	ʃaχṣiya (f)	شخصية
tratti (m pl) del carattere	el ṣefāt el ʃaχṣiya (pl)	الصفات الشخصية
comportamento (m)	solūk (m)	سلوك
predire il futuro	’ara el ṭāle‘	قرأ الطالع
cartomante (f)	‘arrāfa (f)	عرّافة
oroscopo (m)	tawaqqo‘āt el abrāg (pl)	توقّعات الأبراج

Arte

124. Teatro

teatro (m)	masraḥ (m)	مسرح
opera (f)	obra (f)	أوبرا
operetta (f)	obrette (f)	أوبريت
balletto (m)	baleyh (m)	باليه
cartellone (m)	molṣaq (m)	ملصق
compagnia (f) teatrale	fer'a (f)	فرقة
tournée (f)	gawlet fananīn (f)	جولة فنّانين
andare in tourn?e	tagawwal	تجوّل
fare le prove	'amal brova	عمل بروفة
prova (f)	brova (f)	بروفة
repertorio (m)	barnāmeg el masraḥ (m)	برنامج المسرح
rappresentazione (f)	adā' (m)	أداء
spettacolo (m)	'arḍ masraḥy (m)	عرض مسرحي
opera (f) teatrale	masraḥiya (f)	مسرحيّة
biglietto (m)	tazkara (f)	تذكرة
botteghino (m)	ʃebbāk el tazāker (m)	شبّاك التذاكر
hall (f)	ṣāla (f)	صالة
guardaroba (f)	ɣorfet īdā' el ma'āṭef (f)	غرفة إيداع المعاطف
cartellino (m) del guardaroba	beṭā'et edā' el ma'aṭef (f)	بطاقة إيداع المعاطف
binocolo (m)	naḍḍāra mo'azzema lel obera (f)	نظارة معظمة للأوبرا
maschera (f)	ḥāgeb el sinema (m)	حاجب السينما
platea (f)	karāsy el orkestra (pl)	كراسي الأوركسترا
balconata (f)	balakona (f)	بلكونة
prima galleria (f)	ʃorfa (f)	شرفة
palco (m)	log (m)	لوج
fila (f)	ṣaff (m)	صفّ
posto (m)	meq'ad (m)	مقعد
pubblico (m)	gomhūr (m)	جمهور
spettatore (m)	moʃāhed (m)	مشاهد
battere le mani	ṣaffa'	صفّق
applauso (m)	taṣfī' (m)	تصفيق
ovazione (f)	taṣfī' ḥār (m)	تصفيق حار
palcoscenico (m)	χaʃabet el masraḥ (f)	خشبة المسرح
sipario (m)	setāra (f)	ستارة
scenografia (f)	dekor (m)	ديكور
quinte (f pl)	kawalīs (pl)	كواليس
scena (f) (l'ultima ~)	maʃ-had (m)	مشهد
atto (m)	faṣl (m)	فصل
intervallo (m)	estrāḥa (f)	استراحة

125. Cinema

attore (m)	momassel (m)	ممثّل
attrice (f)	momassela (f)	ممثّلة
cinema (m) (industria)	el aflām (m)	الأفلام
film (m)	film (m)	فيلم
puntata (f)	goz' (m)	جزء
film (m) giallo	film bolīsy (m)	فيلم بوليسي
film (m) d'azione	film akʃen (m)	فيلم أكشن
film (m) d'avventure	film moɣamarāt (m)	فيلم مغامرات
film (m) di fantascienza	film χayāl 'elmy (m)	فيلم خيال علمي
film (m) d'orrore	film ro'b (m)	فيلم رعب
film (m) comico	film komedia (f)	فيلم كوميديا
melodramma (m)	melodrama (m)	ميلودراما
dramma (m)	drama (f)	دراما
film (m) a soggetto	film χayāly (m)	فيلم خيالي
documentario (m)	film wasā'eqy (m)	فيلم وثائقي
cartoni (m pl) animati	kartōn (m)	كرتون
cinema (m) muto	sinema ṣāmeta (f)	سينما صامتة
parte (f)	dore (m)	دور
parte (f) principale	dore ra'īsy (m)	دور رئيسي
recitare (vi, vt)	massel	مثّل
star (f), stella (f)	negm senamā'y (m)	نجم سينمائي
noto (agg)	ma'rūf	معروف
famoso (agg)	maʃ-hūr	مشهور
popolare (agg)	maḥbūb	محبوب
sceneggiatura (m)	senario (m)	سيناريو
sceneggiatore (m)	kāteb senario (m)	كاتب سيناريو
regista (m)	moχreg (m)	مخرج
produttore (m)	monteg (m)	منتج
assistente (m)	mosā'ed (m)	مساعد
cameraman (m)	moṣawwer (m)	مصوّر
cascatore (m)	mo'addy maʃāhed χaṭīra (m)	مؤدي مشاهد خطيرة
controfigura (f)	momassel badīl (m)	ممثّل بديل
girare un film	ṣawwar film	صوّر فيلم
provino (m)	tagreba adā' (f)	تجربة أداء
ripresa (f)	taṣwīr (m)	تصوير
troupe (f) cinematografica	ṭāqem el film (m)	طاقم الفيلم
set (m)	mante'et taṣwīr (f)	منطقة التصوير
cinepresa (f)	kamera (f)	كاميرا
cinema (m) (~ all'aperto)	sinema (f)	سينما
schermo (m)	ʃāʃa (f)	شاشة
proiettare un film	'araḍ film	عرض فيلم
colonna (f) sonora	mosīqa taṣweriya (f)	موسيقى تصويرية
effetti (m pl) speciali	mo'asserāt χāṣa (pl)	مؤثّرات خاصّة

sottotitoli (m pl)	targamet el ḥewār (f)	ترجمة الحوار
titoli (m pl) di coda	ʃāret el nehāya (f)	شارة النهاية
traduzione (f)	targama (f)	ترجمة

126. Pittura

arte (f)	fann (m)	فنّ
belle arti (f pl)	fonūn gamīla (pl)	فنون جميلة
galleria (f) d'arte	ma'raḍ fonūn (m)	معرض فنون
mostra (f)	ma'raḍ fanny (m)	معرض فنّي
pittura (f)	lawḥa (f)	لوحة
grafica (f)	fann taṣwīry (m)	فن تصويري
astrattismo (m)	fann tagrīdy (m)	فنّ تجريدي
impressionismo (m)	el enṭebā'iya (f)	الإنطباعيّة
quadro (m)	lawḥa (f)	لوحة
disegno (m)	rasm (m)	رسم
cartellone, poster (m)	boster (m)	بوستر
illustrazione (f)	rasm tawḍīḥy (m)	رسم توضيحي
miniatura (f)	ṣūra moṣagɣara (f)	صورة مصغّرة
copia (f)	nosχa (f)	نسخة
riproduzione (f)	nosχa ṭeb' el aṣl (f)	نسخة طبق الأصل
mosaico (m)	fosayfesā' (f)	فسيفساء
vetrata (f)	ʃebbāk 'ezāz mlawwen (m)	شبّاك قزاز ملوّن
affresco (m)	taṣwīr gaṣṣy (m)	تصوير جصي
incisione (f)	na'ʃ (m)	نقش
busto (m)	temsāl neṣfy (m)	تمثال نصفي
scultura (f)	naḥt (m)	نحت
statua (f)	temsāl (m)	تمثال
gesso (m)	gibss (m)	جيبس
in gesso	men el gebs	من الجيبس
ritratto (m)	bortreyh (m)	بورتريه
autoritratto (m)	bortreyh ʃaχṣy (m)	بورتريه شخصي
paesaggio (m)	lawḥet manzar ṭabee'y (f)	لوحة منظر طبيعي
natura (f) morta	ṭabee'a ṣāmeta (f)	طبيعة صامتة
caricatura (f)	ṣūra karikatoriya (f)	صورة كاريكاتورية
abbozzo (m)	rasm tamhīdy (m)	رسم تمهيدي
colore (m)	lone (m)	لون
acquerello (m)	alwān maya (m)	ألوان ميّة
olio (m)	zeyt (m)	زيت
matita (f)	'alam roṣāṣ (m)	قلم رصاص
inchiostro (m) di china	ḥebr hendy (m)	حبر هندي
carbone (m)	faḥm (m)	فحم
disegnare (a matita)	rasam	رسم
dipingere (un quadro)	rasam	رسم
posare (vi)	'a'ad	قعد
modello (m)	modeyl ḥayī amām el rassām (m)	موديل حيّ أمام الرسّام

modella (f)	modeyl ḥayī amām el rassām (m)	موديل حيّ أمام الرسّام
pittore (m)	rassām (m)	رسّام
opera (f) d'arte	'amal fanny (m)	عمل فنّي
capolavoro (m)	toḥfa faniya (f)	تحفة فنية
laboratorio (m) (di artigiano)	warʃa (f)	ورشة
tela (f)	kanava (f)	كانفا
cavalletto (m)	masnad el loḥe (m)	مسند اللوح
tavolozza (f)	lawḥet el alwān (f)	لوحة الألوان
cornice (f) (~ di un quadro)	eṭār (m)	إطار
restauro (m)	tarmīm (m)	ترميم
restaurare (vt)	rammem	رمّم

127. Letteratura e poesia

letteratura (f)	adab (m)	أدب
autore (m)	mo'allef (m)	مؤلّف
pseudonimo (m)	esm mosta'ār (m)	اسم مستعار
libro (m)	ketāb (m)	كتاب
volume (m)	mogallad (m)	مجلّد
sommario (m), indice (m)	gadwal el moḥtawayāt (m)	جدوّل المحتويات
pagina (f)	ṣafḥa (f)	صفحة
protagonista (m)	el ʃaχṣiya el ra'esiya (f)	الشخصية الرئيسية
autografo (m)	tawqee' el mo'allef (m)	توقيع المؤلّف
racconto (m)	qeṣṣa 'aṣīra (f)	قصّة قصيرة
romanzo (m) breve	'oṣṣa (f)	قصّة
romanzo (m)	rewāya (f)	رواية
opera (f) (~ letteraria)	mo'allef (m)	مؤلّف
favola (f)	ḥekāya (f)	حكاية
giallo (m)	rewāya bolesiya (f)	رواية بوليسية
verso (m)	'aṣīda (f)	قصيدة
poesia (f) (~ lirica)	ʃe'r (m)	شعر
poema (m)	'aṣīda (f)	قصيدة
poeta (m)	ʃā'er (m)	شاعر
narrativa (f)	χayāl (m)	خيال
fantascienza (f)	χayāl 'elmy (m)	خيال علمي
avventure (f pl)	adab el moɣamrāt (m)	أدب المغامرات
letteratura (f) formativa	adab tarbawy (m)	أدب تربوّي
libri (m pl) per l'infanzia	adab el aṭfāl (m)	أدب الأطفال

128. Circo

circo (m)	serk (m)	سيرك
tendone (m) del circo	serk motana''el (m)	سيرك متنقّل
programma (m)	barnāmeg (m)	برنامج
spettacolo (m)	adā' (m)	أداء

numero (m)	ʿarḍ (m)	عرض
arena (f)	ḥalabet el serk (f)	حلبة السيرك
pantomima (m)	momassel īmāʾy (m)	ممثّل إيمائي
pagliaccio (m)	aragoze (m)	أراجوز
acrobata (m)	bahlawān (m)	بهلوان
acrobatica (f)	alʿab bahlawaniya (f)	ألعاب بهلوانية
ginnasta (m)	lāʿeb gombāz (m)	لاعب جمباز
ginnastica (m)	gombāz (m)	جمباز
salto (m) mortale	ḥarakāt ʃaʾlaba (pl)	حركات شقلبة
forzuto (m)	el ragl el qawy (m)	الرجل القوي
domatore (m)	morawweḍ (m)	مروّض
cavallerizzo (m)	fāres (m)	فارس
assistente (m)	mosāʿed (m)	مساعد
acrobazia (f)	ḥeyla (f)	حيلة
gioco (m) di prestigio	χedʿa seḥriya (f)	خدعة سحرية
prestigiatore (m)	sāḥer (m)	ساحر
giocoliere (m)	bahlawān (m)	بهلوان
giocolare (vi)	leʿeb be korāt ʿadīda	لعب بكرات عديدة
ammaestratore (m)	modarreb ḥayawanāt (m)	مدرّب حيوانات
ammaestramento (m)	tadrīb el ḥayawanāt (m)	تدريب الحيوانات
ammaestrare (vt)	darrab	درّب

129. Musica. Musica pop

musica (f)	mosīqa (f)	موسيقى
musicista (m)	ʿāzef (m)	عازف
strumento (m) musicale	ʾāla moseqiya (f)	آلة موسيقيّة
suonare ...	ʿazaf ...	عزف...
chitarra (f)	guitar (m)	جيتار
violino (m)	kamān (m)	كمان
violoncello (m)	el tʃello (m)	التشيلو
contrabbasso (m)	kamān kebīr (m)	كمان كبير
arpa (f)	qesār (m)	قيثار
pianoforte (m)	biano (m)	بيانو
pianoforte (m) a coda	biano kebīr (m)	بيانو كبير
organo (m)	arγan (m)	أرغن
strumenti (m pl) a fiato	ʾālāt el nafχ (pl)	آلات النفخ
oboe (m)	mezmār (m)	مزمار
sassofono (m)	saksofon (m)	ساكسوفون
clarinetto (m)	klarinet (m)	كلارنيت
flauto (m)	flute (m)	فلوت
tromba (f)	būʾ (m)	بوق
fisarmonica (f)	okordiōn (m)	أكورديون
tamburo (m)	ṭabla (f)	طبلة
duetto (m)	sonāʾy (m)	ثنائي

trio (m)	solāsy (m)	ثلاثي
quartetto (m)	robā'y (m)	رباعي
coro (m)	korale (m)	كورال
orchestra (f)	orkestra (f)	أوركسترا
musica (f) pop	mosīqa el bob (f)	موسيقى البوب
musica (f) rock	mosīqa el rok (f)	موسيقى الروك
gruppo (m) rock	fer'et el rokk (f)	فرقة الروك
jazz (m)	ʒāzz (m)	جاز
idolo (m)	ma'būd (m)	معبود
ammiratore (m)	mo'gab (m)	معجب
concerto (m)	ḥafla mūsiqiya (f)	حفلة موسيقيّة
sinfonia (f)	semfoniya (f)	سمفونيّة
composizione (f)	'eṭ'a mosiqiya (f)	قطعة موسيقيّة
comporre (vt), scrivere (vt)	allaf	ألّف
canto (m)	ɣenā' (m)	غناء
canzone (f)	oɣniya (f)	أغنيّة
melodia (f)	laḥn (m)	لحن
ritmo (m)	eqā' (m)	إيقاع
blues (m)	mosīqa el blues (f)	موسيقى البلوز
note (f pl)	notāt (pl)	نوتات
bacchetta (f)	'aṣa el maystro (m)	عصا المايسترو
arco (m)	qose (m)	قوس
corda (f)	watar (m)	وتر
custodia (f) (~ della chitarra)	ʃanṭa (f)	شنطة

Ristorante. Intrattenimento. Viaggi

130. Escursione. Viaggio

turismo (m)	seyāḥa (f)	سياحة
turista (m)	sā'eḥ (m)	سائح
viaggio (m) (all'estero)	reḥla (f)	رحلة
avventura (f)	moɣamra (f)	مغامرة
viaggio (m) (corto)	reḥla (f)	رحلة
vacanza (f)	agāza (f)	أجازة
essere in vacanza	kān fi agāza	كان في أجازة
riposo (m)	estrāḥa (f)	إستراحة
treno (m)	qeṭār, 'aṭṭr (m)	قطار
in treno	bel qeṭār - bel aṭṭr	بالقطار
aereo (m)	ṭayāra (f)	طيّارة
in aereo	bel ṭayāra	بالطيّارة
in macchina	bel sayāra	بالسيّارة
in nave	bel safīna	بالسفينة
bagaglio (m)	el ʃonaṭ (pl)	الشنط
valigia (f)	ʃanṭa (f)	شنطة
carrello (m)	'arabet ʃonaṭ (f)	عربة شنط
passaporto (m)	basbore (m)	باسبور
visto (m)	ta'ʃīra (f)	تأشيرة
biglietto (m)	tazkara (f)	تذكرة
biglietto (m) aereo	tazkara ṭayarān (f)	تذكرة طيران
guida (f)	dalīl (m)	دليل
carta (f) geografica	χarīṭa (f)	خريطة
località (f)	mante'a (f)	منطقة
luogo (m)	makān (m)	مكان
ogetti (m pl) esotici	ɣarāba (f)	غرابة
esotico (agg)	ɣarīb	غريب
sorprendente (agg)	mod-heʃ	مدهش
gruppo (m)	magmū'a (f)	مجموعة
escursione (f)	gawla (f)	جولة
guida (f) (cicerone)	morʃed (m)	مرشد

131. Hotel

albergo (m)	fondo' (m)	فندق
motel (m)	motel (m)	موتيل
tre stelle	talat nogūm	ثلاث نجوم

cinque stelle	χamas nogūm	خمس نجوم
alloggiare (vi)	nezel	نزل
camera (f)	oḍa (f)	أوضة
camera (f) singola	owḍa le ʃaχṣ wāḥed (f)	أوضة لشخص واحد
camera (f) doppia	oḍa le ʃaχṣeyn (f)	أوضة لشخصين
prenotare una camera	ḥagaz owḍa	حجز أوضة
mezza pensione (f)	wagbeteyn fel yome (du)	وجبتين في اليوم
pensione (f) completa	talat wagabāt fel yome	ثلاث وجبات في اليوم
con bagno	bel banyo	بـ البانيو
con doccia	bel doʃ	بالدوش
televisione (f) satellitare	televizion be qanawāt faḍā'iya (m)	تليفزيون بقنوات فضائية
condizionatore (m)	takyīf (m)	تكييف
asciugamano (m)	fūṭa (f)	فوطة
chiave (f)	meftāḥ (m)	مفتاح
amministratore (m)	modīr (m)	مدير
cameriera (f)	'āmela tandīf ɣoraf (f)	عاملة تنظيف غرف
portabagagli (m)	ʃayāl (m)	شيّال
portiere (m)	bawwāb (m)	بوّاب
ristorante (m)	maṭ'am (m)	مطعم
bar (m)	bār (m)	بار
colazione (f)	foṭūr (m)	فطور
cena (f)	'aʃā' (m)	عشاء
buffet (m)	bofeyh (m)	بوفيه
hall (f) (atrio d'ingresso)	rad-ha (f)	ردهة
ascensore (m)	asanseyr (m)	اسانسير
NON DISTURBARE	nargu 'adam el ez'āg	نرجو عدم الإزعاج
VIETATO FUMARE!	mamnū' el tadχīn	ممنوع التدخين

132. Libri. Lettura

libro (m)	ketāb (m)	كتاب
autore (m)	mo'allef (m)	مؤلّف
scrittore (m)	kāteb (m)	كاتب
scrivere (vi, vt)	allaf	ألّف
lettore (m)	qāre' (m)	قارئ
leggere (vi, vt)	'ara	قرأ
lettura (f) (sala di ~)	qerā'a (f)	قراءة
in silenzio (leggere ~)	beṣamt	بصمت
ad alta voce	beṣote 'āly	بصوت عالي
pubblicare (vt)	naʃar	نشر
pubblicazione (f)	naʃr (m)	نشر
editore (m)	nāʃer (m)	ناشر
casa (f) editrice	dar el ṭebā'a wel naʃr (f)	دار الطباعة والنشر

uscire (vi)	ṣadar	صدر
uscita (f)	ṣodūr (m)	صدور
tiratura (f)	'adad el nosaχ (m)	عدد النسخ
libreria (f)	maḥal kotob (m)	محل كتب
biblioteca (f)	maktaba (f)	مكتبة
romanzo (m) breve	'oṣṣa (f)	قصّة
racconto (m)	qeṣṣa 'aṣīra (f)	قصّة قصيرة
romanzo (m)	rewāya (f)	رواية
giallo (m)	rewāya bolesiya (f)	رواية بوليسية
memorie (f pl)	mozakkerāt (pl)	مذكّرات
leggenda (f)	osṭūra (f)	أسطورة
mito (m)	χorāfa (f)	خرافة
poesia (f), versi (m pl)	ʃe'r (m)	شعر
autobiografia (f)	sīret ḥayah (f)	سيرة حياة
opere (f pl) scelte	muχtarāt (pl)	مختارات
fantascienza (f)	χayāl 'elmy (m)	خيال علمي
titolo (m)	'enwān (m)	عنوان
introduzione (f)	moqaddema (f)	مقدّمة
frontespizio (m)	ṣafḥet 'enwān (f)	صفحة العنوان
capitolo (m)	faṣl (m)	فصل
frammento (m)	χolāṣa (f)	خلاصة
episodio (m)	maʃ-had (m)	مشهد
soggetto (m)	ḥabka (f)	حبكة
contenuto (m)	moḥtawayāt (pl)	محتويات
sommario (m)	gadwal el moḥtawayāt (m)	جدول المحتويات
protagonista (m)	el ʃaχṣiya el ra'esiya (f)	الشخصية الرئيسية
volume (m)	mogallad (m)	مجلّد
copertina (f)	ɣelāf (m)	غلاف
rilegatura (f)	taglīd (m)	تجليد
segnalibro (m)	ʃerī'ṭ (m)	شريط
pagina (f)	ṣafḥa (f)	صفحة
sfogliare (~ le pagine)	'alleb el ṣafaḥāt	قلّب الصفحات
margini (m pl)	hāmeʃ (m)	هامش
annotazione (f)	molaḥza (f)	ملاحظة
nota (f) (a fondo pagina)	molaḥza (f)	ملاحظة
testo (m)	noṣṣ (m)	نصّ
carattere (m)	nū' el χaṭṭ (m)	نوع الخطّ
refuso (m)	χaṭa' maṭba'y (m)	خطأ مطبعيّ
traduzione (f)	targama (f)	ترجمة
tradurre (vt)	targem	ترجم
originale (m) (leggere l'~)	aṣliya (f)	أصلية
famoso (agg)	maʃ-hūr	مشهور
sconosciuto (agg)	meʃ ma'rūf	مش معروف
interessante (agg)	moʃawweq	مشوّق

best seller (m)	aktar mabee'an (m)	أكثر مبيعاً
dizionario (m)	qamūs (m)	قاموس
manuale (m)	ketāb ta'līm (m)	كتاب تعليم
enciclopedia (f)	ensayklopedia (f)	إنسيكلوبيديا

133. Caccia. Pesca

caccia (f)	ṣeyd (m)	صيد
cacciare (vt)	eṣṭād	إصطاد
cacciatore (m)	ṣayād (m)	صيّاد
sparare (vi)	ḍarab bel nār	ضرب بالنار
fucile (m)	bondoqiya (f)	بندقيّة
cartuccia (f)	roṣāṣa (f)	رصاصة
pallini (m pl) da caccia	'eyār (m)	عيار
tagliola (f) (~ per orsi)	maṣyada (f)	مصيّدة
trappola (f) (~ per uccelli)	fakχ (m)	فخّ
cadere in trappola	we'e' fe fakχ	وقع في فخّ
tendere una trappola	naṣb fakχ	نصب فخّ
bracconiere (m)	sāre' el ṣeyd (m)	سارق الصيد
cacciagione (m)	ṣeyd (m)	صيد
cane (m) da caccia	kalb ṣeyd (m)	كلب صيد
safari (m)	safāry (m)	سفاري
animale (m) impagliato	ḥayawān moḥannaṭ (m)	حيوان محنّط
pescatore (m)	sayād el samak (m)	صيّاد السمك
pesca (f)	ṣeyd el samak (m)	صيد السمك
pescare (vi)	eṣṭād samak	إصطاد سمك
canna (f) da pesca	ṣennāra (f)	صنّارة
lenza (f)	χeyṭ (m)	خيط
amo (m)	ʃaṣ el garīma (m)	شص الصيد
galleggiante (m)	'awwāma (f)	عوّامة
esca (f)	ṭa'm (m)	طعم
lanciare la canna	ṭaraḥ el ṣennāra	طرح الصنّارة
abboccare (pesce)	'aḍḍ	عض
pescato (m)	el samak el moṣṭād (m)	السمك المصطاد
buco (m) nel ghiaccio	fat-ḥa fel galīd (f)	فتحة في الجليد
rete (f)	ʃabaket el ṣeyd (f)	شبكة الصيد
barca (f)	markeb (m)	مركب
prendere con la rete	eṣṭād bel ʃabaka	إصطاد بالشبكة
gettare la rete	rama ʃabaka	رمى شبكة
tirare le reti	aχrag ʃabaka	أخرج شبكة
cadere nella rete	we'e' fe ʃabaka	وقع في شبكة
baleniere (m)	ṣayād el ḥūt (m)	صيّاد الحوت
baleniera (f) (nave)	safīna ṣeyd ḥitān (f)	سفينة صيد الحيتان
rampone (m)	ḥerba (f)	حربة

134. Ciochi. Biliardo

biliardo (m)	bilyardo (m)	بلياردو
sala (f) da biliardo	qāʿa bilyardo (m)	قاعة بلياردو
bilia (f)	kora (f)	كرة
imbucare (vt)	dakχal kora	دخّل كرة
stecca (f) da biliardo	ʿaṣāyet bilyardo (f)	عصاية بلياردو
buca (f)	geyb bilyardo (m)	جيب بلياردو

135. Giochi. Carte da gioco

quadri (m pl)	el dinary (m)	الديناري
picche (f pl)	el bastūny (m)	البستوني
cuori (m pl)	el koba (f)	الكوبة
fiori (m pl)	el sebāty (m)	السباتي
asso (m)	ʾāss (m)	آس
re (m)	malek (m)	ملك
donna (f)	maleka (f)	ملكة
fante (m)	walad (m)	ولد
carta (f) da gioco	waraʾa (f)	ورقة
carte (f pl)	waraʾ (m)	ورق
briscola (f)	waraʾa rābeḥa (f)	ورقة رابحة
mazzo (m) di carte	desta waraʾ ʿenab (f)	دستة ورق اللعب
punto (m)	nuʾṭa (f)	نقطة
dare le carte	farraʾ	فرّق
mescolare (~ le carte)	χalaṭ	خلط
turno (m)	dore (m)	دور
baro (m)	moḥtāl fel ʾomār (m)	محتال في القمار

136. Riposo. Giochi. Varie

passeggiare (vi)	tamasʃa	تمشّى
passeggiata (f)	tamʃeya (f)	تمشية
gita (f)	gawla bel sayāra (f)	جولة بالسيّارة
avventura (f)	moɣamra (f)	مغامرة
picnic (m)	nozha (f)	نزهة
gioco (m)	leʿba (f)	لعبة
giocatore (m)	lāʿeb (m)	لاعب
partita (f) (~ a scacchi)	dore (m)	دور
collezionista (m)	gāmeʿ (m)	جامع
collezionare (vt)	gammaʿ	جمّع
collezione (f)	magmūʿa (f)	مجموعة
cruciverba (m)	kalemāt motaqaṭʿa (pl)	كلمات متقاطعة
ippodromo (m)	ḥalabet el sebāʾ (f)	حلبة السباق

discoteca (f)	disko (m)	ديسكو
sauna (f)	sauna (f)	ساونا
lotteria (f)	yanaṣīb (m)	يانصيب
campeggio (m)	reḥlet taχyīm (f)	رحلة تخييم
campo (m)	moχayam (m)	مخيّم
tenda (f) da campeggio	χeyma (f)	خيمة
bussola (f)	boṣla (f)	بوصلة
campeggiatore (m)	moχayam (m)	مخيّم
guardare (~ un film)	ʃāhed	شاهد
telespettatore (m)	moʃāhed (m)	مشاهد
trasmissione (f)	barnāmeg televiziony (m)	برنامج تليفزيوني

137. Fotografia

macchina (f) fotografica	kamera (f)	كاميرا
fotografia (f)	ṣūra (f)	صورة
fotografo (m)	moṣawwer (m)	مصوّر
studio (m) fotografico	estudio taṣwīr (m)	إستوديو تصوير
album (m) di fotografie	albūm el ṣewar (m)	ألبوم الصور
obiettivo (m)	ʿadaset kamera (f)	عدسة الكاميرا
teleobiettivo (m)	ʿadasa teleskopiya (f)	عدسة تلسكوبيّة
filtro (m)	filter (m)	فلتر
lento (f)	ʿadasa (f)	عدسة
ottica (f)	baṣrīāt (pl)	بصريات
diaframma (m)	saddāda (f)	سدّادة
tempo (m) di esposizione	moddet el taʿarroḍ (f)	مدّة التعرض
mirino (m)	el ʿeyn el faḥeṣa (f)	العين الفاحصة
fotocamera (f) digitale	kamera diʒital (f)	كاميرا ديجيتال
cavalletto (m)	tribod (m)	ترايبود
flash (m)	flāʃ (m)	فلاش
fotografare (vt)	ṣawwar	صوّر
fare foto	ṣawwar	صوّر
fotografarsi	etṣawwar	إتصوّر
fuoco (m)	tarkīz (m)	تركيز
mettere a fuoco	rakkez	ركّز
nitido (agg)	ḥādda	حادّة
nitidezza (f)	ḥedda (m)	حدّة
contrasto (m)	tabāyon (m)	تباين
contrastato (agg)	motabāyen	متباين
foto (f)	ṣūra (f)	صورة
negativa (f)	el nosχa el salba (f)	النسخة السالبة
pellicola (f) fotografica	film (m)	فيلم
fotogramma (m)	eṭār (m)	إطار
stampare (~ le foto)	ṭabaʿ	طبع

138. Spiaggia. Nuoto

spiaggia (f)	ʃāṭe' (m)	شاطئ
sabbia (f)	raml (m)	رمل
deserto (agg)	mahgūr	مهجور
abbronzatura (f)	esmerār el baʃra (m)	إسمرار البشرة
abbronzarsi (vr)	etʃammes	إتشمّس
abbronzato (agg)	asmar	أسمر
crema (f) solare	krīm wāqy men el ʃams (m)	كريم واقي من الشمس
bikini (m)	bikini (m)	بكيني
costume (m) da bagno	mayo (m)	مايّوه
slip (m) da bagno	mayo regāly (m)	مايّوه رجالي
piscina (f)	ḥammām sebāḥa (m)	حمّام سباحة
nuotare (vi)	ʿām, sabaḥ	عام, سبح
doccia (f)	doʃ (m)	دوش
cambiarsi (~ i vestiti)	ɣayar lebso	غيّر لبسه
asciugamano (m)	fūṭa (f)	فوطة
barca (f)	markeb (m)	مركب
motoscafo (m)	lunʃ (m)	لنش
sci (m) nautico	tazallog ʿalal mā' (m)	تزلّج على الماء
pedalò (m)	el baddāl (m)	البدّال
surf (m)	surfing (m)	سيرفينج
surfista (m)	rākeb el amwāg (m)	راكب الأمواج
autorespiratore (m)	gehāz el tanaffos (m)	جهاز التنفّس
pinne (f pl)	zaʿānef el sebāḥa (pl)	زعانف السباحة
maschera (f)	kamāma (f)	كمامة
subacqueo (m)	ɣawwāṣ (m)	غوّاص
tuffarsi (vr)	ɣāṣ	غاص
sott'acqua	taḥt el maya	تحت المايّة
ombrellone (m)	ʃamsiya (f)	شمسيّة
sdraio (f)	korsy blāʒ (m)	كرسي بلاج
occhiali (m pl) da sole	naḍḍāret ʃams (f)	نضّارة شمس
materasso (m) ad aria	martaba hawa'iya (f)	مرتبة هوائية
giocare (vi)	leʿeb	لعب
fare il bagno	sebeḥ	سبح
pallone (m)	koret ʃaṭṭ (f)	كرة شطّ
gonfiare (vt)	nafaχ	نفخ
gonfiabile (agg)	qābel lel nafχ	قابل للنفخ
onda (f)	mouga (f)	موجة
boa (f)	ʃamandūra (f)	شمندورة
annegare (vi)	ɣere'	غرق
salvare (vt)	anqaz	أنقذ
giubbotto (m) di salvataggio	sotret nagah (f)	سترة نجاة
osservare (vt)	rāqab	راقب
bagnino (m)	ḥāres ʃāṭe' (m)	حارس شاطئ

ATTREZZATURA TECNICA. MEZZI DI TRASPORTO

Attrezzatura tecnica

139. Computer

computer (m)	kombuter (m)	كمبيوتر
computer (m) portatile	lab tob (m)	لابتوب
accendere (vt)	fataḥ, ʃagɣal	فتح, شغّل
spegnere (vt)	ṭaffa	طفّى
tastiera (f)	lawḥet el mafatīḥ (f)	لوحة المفاتيح
tasto (m)	meftāḥ (m)	مفتاح
mouse (m)	maws (m)	ماوس
tappetino (m) del mouse	maws bād (m)	ماوس باد
tasto (m)	zerr (m)	زرّ
cursore (m)	mo'asʃer (m)	مؤشّر
monitor (m)	ʃāʃa (f)	شاشة
schermo (m)	ʃāʃa (f)	شاشة
disco (m) rigido	hard disk (m)	هارد ديسك
spazio (m) sul disco rigido	se'et el hard disk (f)	سعة الهارد ديسك
memoria (f)	zākera (f)	ذاكرة
memoria (f) operativa	zākerat el woṣūl el 'aʃwā'y (f)	ذاكرة الوصول العشوائي
file (m)	malaff (m)	ملفّ
cartella (f)	ḥāfeza (m)	حافظة
aprire (vt)	fataḥ	فتح
chiudere (vt)	'afal	قفل
salvare (vt)	ḥafaẓ	حفظ
eliminare (vt)	masaḥ	مسح
copiare (vt)	nasaχ	نسخ
ordinare (vt)	ṣannaf	صنّف
trasferire (vt)	na'al	نقل
programma (m)	barnāmeg (m)	برنامج
software (m)	barmagīāt (pl)	برمجيّات
programmatore (m)	mobarmeg (m)	مبرمج
programmare (vt)	barmag	برمج
hacker (m)	haker (m)	هاكر
password (f)	kelmet el serr (f)	كلمة السرّ
virus (m)	virūs (m)	فيروس
trovare (un virus, ecc.)	la'a	لقى
byte (m)	byto (m)	بايت

megabyte (m)	megabayt (m)	ميجا بايت
dati (m pl)	bayanāt (pl)	بيانات
database (m)	qa'edet bayanāt (f)	قاعدة بيانات
cavo (m)	kabl (m)	كابل
sconnettere (vt)	faṣal	فصل
collegare (vt)	waṣṣal	وصّل

140. Internet. Posta elettronica

internet (f)	internet (m)	إنترنت
navigatore (m)	motaṣaffeḥ (m)	متصفّح
motore (m) di ricerca	moḥarrek baḥs (m)	محرك بحث
provider (m)	ʃerket el internet (f)	شركة الإنترنت
webmaster (m)	modīr el mawqe' (m)	مدير الموقع
sito web (m)	mawqe' elektrony (m)	موقع الكتروني
pagina web (f)	ṣafḥet web (f)	صفحة ويب
indirizzo (m)	'enwān (m)	عنوان
rubrica (f) indirizzi	daftar el 'anawīn (m)	دفتر العناوين
casella (f) di posta	ṣandū' el barīd (m)	صندوق البريد
posta (f)	barīd (m)	بريد
troppo piena (agg)	mumtali'	ممتلىء
messaggio (m)	resāla (f)	رسالة
messaggi (m pl) in arrivo	rasa'el wārda (pl)	رسائل واردة
messaggi (m pl) in uscita	rasa'el ṣādra (pl)	رسائل صادرة
mittente (m)	morsel (m)	مرسل
inviare (vt)	arsal	أرسل
invio (m)	ersāl (m)	إرسال
destinatario (m)	morsel elayh (m)	مرسل إليه
ricevere (vt)	estalam	إستلم
corrispondenza (f)	morasla (f)	مراسلة
essere in corrispondenza	tarāsal	تراسل
file (m)	malaff (m)	ملفّ
scaricare (vt)	ḥammel	حمّل
creare (vt)	'amal	عمل
eliminare (vt)	masaḥ	مسح
eliminato (agg)	mamsūḥ	ممسوح
connessione (f)	etteṣāl (m)	إتّصال
velocità (f)	sor'a (f)	سرعة
modem (m)	modem (m)	مودم
accesso (m)	woṣūl (m)	وصول
porta (f)	maχrag (m)	مخرج
collegamento (m)	etteṣāl (m)	إتّصال
collegarsi a ...	yuwṣel	يوصل
scegliere (vt)	eχtār	إختار
cercare (vt)	baḥs	بحث

Mezzi di trasporto

141. Aeroplano

aereo (m)	ṭayāra (f)	طيّارة
biglietto (m) aereo	tazkara ṭayarān (f)	تذكرة طيران
compagnia (f) aerea	ʃerket ṭayarān (f)	شركة طيران
aeroporto (m)	maṭār (m)	مطار
supersonico (agg)	χāreq lel ṣote	خارق للصوت
comandante (m)	kabten (m)	كابتن
equipaggio (m)	ṭa'm (m)	طقم
pilota (m)	ṭayār (m)	طيّار
hostess (f)	moḍīfet ṭayarān (f)	مضيفة طيران
navigatore (m)	mallāḥ (m)	ملاّح
ali (f pl)	agneḥa (pl)	أجنحة
coda (f)	deyl (m)	ذيل
cabina (f)	kabīna (f)	كابينة
motore (m)	motore (m)	موتور
carrello (m) d'atterraggio	‘agalāt el hobūṭ (pl)	عجلات الهبوط
turbina (f)	torbīna (f)	توربينة
elica (f)	marwaḥa (f)	مروحة
scatola (f) nera	mosaggel el ṭayarān (m)	مسجّل الطيران
barra (f) di comando	moqawwed el ṭayāra (m)	مقوّد الطيّارة
combustibile (m)	woqūd (m)	وقود
safety card (f)	beṭā'et el salāma (f)	بطاقة السلامة
maschera (f) ad ossigeno	mask el oksyʒīn (m)	ماسك الاوكسيجين
uniforme (f)	zayī muwaḥḥad (m)	زيّ موحّد
giubbotto (m) di salvataggio	sotret nagah (f)	سترة نجاة
paracadute (m)	baraʃot (m)	باراشوت
decollo (m)	eqlā‘ (m)	إقلاع
decollare (vi)	aqla‘et	أقلعت
pista (f) di decollo	modarrag el ṭa'erāṭ (m)	مدرّج الطائرات
visibilità (f)	ro'ya (f)	رؤية
volo (m)	ṭayarān (m)	طيران
altitudine (f)	ertefā‘ (m)	إرتفاع
vuoto (m) d'aria	geyb hawā'y (m)	جيب هوائي
posto (m)	meq‘ad (m)	مقعد
cuffia (f)	samma‘āt ra'siya (pl)	سمّاعات رأسية
tavolinetto (m) pieghevole	ṣeniya qabela lel ṭayī (f)	صينية قابلة للطيّ
oblò (m), finestrino (m)	ʃebbāk el ṭayāra (m)	شبّاك الطيّارة
corridoio (m)	mamarr (m)	ممرّ

142. Treno

treno (m)	qeṭār, 'aṭṭr (m)	قطار
elettrotreno (m)	qeṭār rokkāb (m)	قطار ركّاب
treno (m) rapido	qeṭār saree' (m)	قطار سريع
locomotiva (f) diesel	qāṭeret dīzel (f)	قاطرة ديزل
locomotiva (f) a vapore	qāṭera boxariya (f)	قاطرة بخاريّة
carrozza (f)	'araba (f)	عربة
vagone (m) ristorante	'arabet el ṭa'ām (f)	عربة الطعام
rotaie (f pl)	qoḍbān (pl)	قضبان
ferrovia (f)	sekka ḥadīdiya (f)	سكّة حديديّة
traversa (f)	'āreḍa sekket ḥadīd (f)	عارضة سكّة الحديد
banchina (f) (~ ferroviaria)	raṣīf (m)	رصيف
binario (m) (~ 1, 2)	xaṭṭ (m)	خطّ
semaforo (m)	semafore (m)	سيمافور
stazione (f)	maḥaṭṭa (f)	محطّة
macchinista (m)	sawwā' (m)	سوّاق
portabagagli (m)	ʃayāl (m)	شيّال
cuccettista (m, f)	mas'ūl 'arabet el qeṭār (m)	مسؤول عربة القطار
passeggero (m)	rākeb (m)	راكب
controllore (m)	kamsary (m)	كمسري
corridoio (m)	mamarr (m)	ممرّ
freno (m) di emergenza	farāmel el ṭawāre' (pl)	فرامل الطوارئ
scompartimento (m)	ɣorfa (f)	غرفة
cuccetta (f)	serīr (m)	سرير
cuccetta (f) superiore	serīr 'olwy (m)	سرير علويّ
cuccetta (f) inferiore	serīr sofly (m)	سرير سفلي
biancheria (f) da letto	aɣṭeyet el serīr (pl)	أغطيّة السرير
biglietto (m)	tazkara (f)	تذكرة
orario (m)	gadwal (m)	جدوّل
tabellone (m) orari	lawḥet ma'lomāt (f)	لوحة معلومات
partire (vi)	ɣādar	غادر
partenza (f)	moɣadra (f)	مغادرة
arrivare (di un treno)	weṣel	وصل
arrivo (m)	woṣūl (m)	وصول
arrivare con il treno	weṣel bel qeṭār	وصل بالقطار
salire sul treno	rekeb el qeṭār	ركب القطار
scendere dal treno	nezel men el qeṭār	نزل من القطار
deragliamento (m)	ḥeṭām qeṭār (m)	حطام قطار
deragliare (vi)	xarag 'an xaṭṭ sīru	خرج عن خطّ سيره
locomotiva (f) a vapore	qāṭera boxariya (f)	قاطرة بخاريّة
fuochista (m)	'aṭʃagy (m)	عطشجي
forno (m)	forn el moḥarrek (m)	فرن المحرّك
carbone (m)	faḥm (m)	فحم

143. Nave

nave (f)	safīna (f)	سفينة
imbarcazione (f)	safīna (f)	سفينة
piroscafo (m)	baχera (f)	باخرة
barca (f) fluviale	baχera nahriya (f)	باخرة نهرية
transatlantico (m)	safīna seyaḥiya (f)	سفينة سياحيّة
incrociatore (m)	ṭarrād safīna baḥariya (m)	طرّاد سفينة بحريّة
yacht (m)	yaχt (m)	يخت
rimorchiatore (m)	qāṭera baḥariya (f)	قاطرة بحريّة
chiatta (f)	ṣandal (m)	صندل
traghetto (m)	ʿabbāra (f)	عبّارة
veliero (m)	safīna ʃeraʿiya (m)	سفينة شراعيّة
brigantino (m)	markeb ʃerāʿy (m)	مركب شراعي
rompighiaccio (m)	moḥaṭṭemet galīd (f)	محطّمة جليد
sottomarino (m)	ɣawwāṣa (f)	غوّاصة
barca (f)	markeb (m)	مركب
scialuppa (f)	zawraʾ (m)	زورق
scialuppa (f) di salvataggio	qāreb nagah (m)	قارب نجاة
motoscafo (m)	lunʃ (m)	لنش
capitano (m)	ʾobṭān (m)	قبطان
marittimo (m)	baḥḥār (m)	بحّار
marinaio (m)	baḥḥār (m)	بحّار
equipaggio (m)	ṭāqem (m)	طاقم
nostromo (m)	rabbān (m)	ربّان
mozzo (m) di nave	ṣaby el safīna (m)	صبي السفينة
cuoco (m)	ṭabbāχ (m)	طبّاخ
medico (m) di bordo	ṭabīb el safīna (m)	طبيب السفينة
ponte (m)	saṭ-ḥ el safīna (m)	سطح السفينة
albero (m)	sāreya (f)	سارية
vela (f)	ʃerāʿ (m)	شراع
stiva (f)	ʿanbar (m)	عنبر
prua (f)	moʾaddema (m)	مقدّمة
poppa (f)	moʾaχeret el safīna (f)	مؤخّرة السفينة
remo (m)	megdāf (m)	مجداف
elica (f)	marwaḥa (f)	مروّحة
cabina (f)	kabīna (f)	كابينة
quadrato (m) degli ufficiali	ɣorfet el ṭaʿām wel rāḥa (f)	غرفة الطعام والراحة
sala (f) macchine	qesm el ʾālāt (m)	قسم الآلات
ponte (m) di comando	borg el qeyāda (m)	برج القيادة
cabina (f) radiotelegrafica	ɣorfet el lāselky (f)	غرفة اللاسلكي
onda (f)	mouga (f)	موجة
giornale (m) di bordo	segel el safīna (m)	سجل السفينة
cannocchiale (m)	monzār (m)	منظار
campana (f)	garas (m)	جرس

bandiera (f)	ʿalam (m)	علم
cavo (m) (~ d'ormeggio)	ḥabl (m)	حبل
nodo (m)	ʿoʾda (f)	عقدة
ringhiera (f)	drabzīn saṭ-ḥ el safīna (m)	درابزين سطح السفينة
passerella (f)	sellem (m)	سلّم
ancora (f)	marsāh (f)	مرساة
levare l'ancora	rafaʿ morsah	رفع مرساة
gettare l'ancora	rasa	رسا
catena (f) dell'ancora	selselet morsah (f)	سلسلة مرساة
porto (m)	mināʾ (m)	ميناء
banchina (f)	marsa (m)	مرسى
ormeggiarsi (vr)	rasa	رسا
salpare (vi)	aqlaʿ	أقلع
viaggio (m)	reḥla (f)	رحلة
crociera (f)	reḥla baḥariya (f)	رحلة بحريّة
rotta (f)	masār (m)	مسار
itinerario (m)	ṭarīʾ (m)	طريق
tratto (m) navigabile	magra melāḥy (m)	مجرى ملاحيّ
secca (f)	meyāh ḍaḥla (f)	مياه ضحلة
arenarsi (vr)	ganaḥ	جنح
tempesta (f)	ʿāṣefa (f)	عاصفة
segnale (m)	eʃara (f)	إشارة
affondare (andare a fondo)	ɣereʾ	غرق
Uomo in mare!	saʾaṭ rāgil min el sefīna!	سقط راجل من السفينة!
SOS	nedāʾ eɣāsa (m)	نداء إغاثة
salvagente (m) anulare	ṭoʾe nagah (m)	طوق نجاة

144. Aeroporto

aeroporto (m)	maṭār (m)	مطار
aereo (m)	ṭayāra (f)	طيّارة
compagnia (f) aerea	ʃerket ṭayarān (f)	شركة طيران
controllore (m) di volo	marākeb el ḥaraka el gawiya (m)	مراكب الحركة الجويّة
partenza (f)	moɣadra (f)	مغادرة
arrivo (m)	woṣūl (m)	وصول
arrivare (vi)	weṣel	وصل
ora (f) di partenza	waʾt el moɣadra (m)	وقت المغادرة
ora (f) di arrivo	waʾt el woṣūl (m)	وقت الوصول
essere ritardato	taʾakχar	تأخّر
volo (m) ritardato	taʾaχor el reḥla (m)	تأخّر الرحلة
tabellone (m) orari	lawḥet el maʿlomāt (f)	لوحة المعلومات
informazione (f)	esteʿlamāt (pl)	إستعلامات
annunciare (vt)	aʿlan	أعلن

volo (m)	reḥlet ṭayarān (f)	رحلة طيران
dogana (f)	gamārek (pl)	جمارك
doganiere (m)	mowazzaf el gamārek (m)	موظّف الجمارك
dichiarazione (f)	taṣrīḥ gomroky (m)	تصريح جمركي
riempire (~ una dichiarazione)	mala	ملا
riempire una dichiarazione	mala el taṣrīḥ	ملأ التصريح
controllo (m) passaporti	taftīʃ el gawazāt (m)	تفتيش الجوازات
bagaglio (m)	el ʃonaṭ (pl)	الشنط
bagaglio (m) a mano	ʃonaṭ el yad (pl)	شنط اليد
carrello (m)	ʿarabet ʃonaṭ (f)	عربة شنط
atterraggio (m)	hobūṭ (m)	هبوط
pista (f) di atterraggio	mamarr el hobūṭ (m)	ممرّ الهبوط
atterrare (vi)	habaṭ	هبط
scaletta (f) dell'aereo	sellem el ṭayāra (m)	سلّم الطيّارة
check-in (m)	tasgīl (m)	تسجيل
banco (m) del check-in	makān tasgīl (m)	مكان تسجيل
fare il check-in	saggel	سجّل
carta (f) d'imbarco	beṭāqet el rokūb (f)	بطاقة الركوب
porta (f) d'imbarco	bawwābet el moɣadra (f)	بوّابة المغادرة
transito (m)	tranzīt (m)	ترانزيت
aspettare (vt)	estanna	إستنّى
sala (f) d'attesa	ṣālet el moɣadra (f)	صالة المغادرة
accompagnare (vt)	wadda'	ودّع
congedarsi (vr)	wadda'	ودّع

145. Bicicletta. Motocicletta

bicicletta (f)	beskeletta (f)	بيسكلتّة
motorino (m)	fezba (f)	فزبة
motocicletta (f)	motosekl (m)	موتوسيكل
andare in bicicletta	rāḥ bel beskeletta	راح بالبسكلتّة
manubrio (m)	moqawwed (m)	مقوّد
pedale (m)	dawwāsa (f)	دوّاسة
freni (m pl)	farāmel (pl)	فرامل
sellino (m)	korsy (m)	كرسي
pompa (f)	ṭolommba (f)	طلمّبة
portabagagli (m)	raff el amteʿa (m)	رفّ الأمتعة
fanale (m) anteriore	el meṣbāḥ el amāmy (m)	المصباح الأمامي
casco (m)	χawza (f)	خوذة
ruota (f)	ʿagala (f)	عجلة
parafango (m)	refrāf (m)	رفراف
cerchione (m)	eṭār (m)	إطار
raggio (m)	mekbaḥ el ʿagala (m)	مكبح العجلة

Automobili

146. Tipi di automobile

automobile (f)	sayāra (f)	سيّارة
auto (f) sportiva	sayāra reyāḍiya (f)	سيّارة رياضيّة
limousine (f)	limozīn (m)	ليموزين
fuoristrada (m)	sayāret ṭoro' wa'ra (f)	سيّارة طرق وعرة
cabriolet (m)	kabryoleyh (m)	كابريوليه
pulmino (m)	mikrobāṣ (m)	ميكروباص
ambulanza (f)	es'āf (m)	إسعاف
spazzaneve (m)	garrāfet talg (f)	جرّافة ثلج
camion (m)	ʃāḥena (f)	شاحنة
autocisterna (f)	nāqelet betrūl (f)	ناقلة بترول
furgone (m)	'arabiyet na'l (f)	عربيّة نقل
motrice (f)	garrār (m)	جرّار
rimorchio (m)	ma'ṭūra (f)	مقطورة
confortevole (agg)	morīḥ	مريح
di seconda mano	mosta'mal	مستعمل

147. Automobili. Carrozzeria

cofano (m)	kabbūt (m)	كبوّت
parafango (m)	refrāf (m)	رفراف
tetto (m)	sa'f (m)	سقف
parabrezza (m)	ezāz amāmy (f)	إزاز أمامي
retrovisore (m)	merāya daχeliya (f)	مراية داخليّة
lavacristallo (m)	monazzef el ezāz el amāmy (m)	منظّف الإزاز الأمامي
tergicristallo (m)	massāḥāt (pl)	مسّاحات
finestrino (m) laterale	ʃebbāk gāneby (m)	شبّاك جانبي
alzacristalli (m)	ezāz kahrabā'y (m)	إزاز كهربائي
antenna (f)	hawā'y (m)	هوائي
tettuccio (m) apribile	fat-ḥet el sa'f (f)	فتحة السقف
paraurti (m)	ekṣedām (m)	اكصدام
bagagliaio (m)	ʃanṭet el 'arabiya (f)	شنطة العربيّة
portapacchi (m)	raff sa'f el 'arabiya (m)	رفّ سقف العربيّة
portiera (f)	bāb (m)	باب
maniglia (f)	okret el bāb (f)	اوكرة الباب
serratura (f)	'efl el bāb (m)	قفل الباب
targa (f)	lawḥet raqam el sayāra (f)	لوحة رقم السيارة

marmitta (f)	kātem lel ṣote (m)	كاتم للصوت
serbatoio (m) della benzina	χazzān el banzīn (m)	خزّان البنزين
tubo (m) di scarico	anbūb el 'ādem (m)	أنبوب العادم
acceleratore (m)	ɣāz (m)	غاز
pedale (m)	dawwāsa (f)	دوّاسة
pedale (m) dell'acceleratore	dawwāset el banzīn (f)	دوّاسة البنزين
freno (m)	farāmel (pl)	فرامل
pedale (m) del freno	dawwāset el farāmel (m)	دوّاسة الفرامل
frenare (vi)	farmel	فرمل
freno (m) a mano	farāmel el enteẓār (pl)	فرامل الإنتظار
frizione (f)	klatʃ (m)	كلتش
pedale (m) della frizione	dawwāset el klatʃ (f)	دوّاسة الكلتش
disco (m) della frizione	'orṣ el klatʃ (m)	قرص الكلتش
ammortizzatore (m)	momtaṣṣ lel ṣadamāt (m)	ممتصّ للصدمات
ruota (f)	'agala (f)	عجلة
ruota (f) di scorta	'agala eḥteyāṭy (f)	عجلة إحتياطية
pneumatico (m)	eṭār (m)	إطار
copriruota (m)	ṭīs (m)	طيس
ruote (f pl) motrici	'agalāt el qeyāda (pl)	عجلات القيادة
a trazione anteriore	daf' amāmy (m)	دفع أمامي
a trazione posteriore	daf' χalfy (m)	دفع خلفي
a trazione integrale	daf' kāmel (m)	دفع كامل
scatola (f) del cambio	gearboks (m)	جير بوكس
automatico (agg)	otomatīky	أوتوماتيكي
meccanico (agg)	mikanīky	ميكانيكي
leva (f) del cambio	meqbaḍ nāqel lel ḥaraka (m)	مقبض ناقل الحركة
faro (m)	el meṣbāḥ el amāmy (m)	المصباح الأمامي
luci (f pl), fari (m pl)	el maṣabīḥ el amamiya (pl)	المصابيح الأمامية
luci (f pl) anabbaglianti	nūr mo'aʃer monχafeḍ (pl)	نور مؤشر منخفض
luci (f pl) abbaglianti	nūr mo'asʃer 'āly (m)	نور مؤشر عالي
luci (f pl) di arresto	nūr el farāmel (m)	نور الفرامل
luci (f pl) di posizione	lambet el enteẓār (f)	لمبة الإنتظار
luci (f pl) di emergenza	eʃārāt el taḥzīr (pl)	إشارات التحذير
fari (m pl) antinebbia	kasʃāf el ḍabāb (m)	كشّاف الضباب
freccia (f)	eʃāret el en'eṭāf (f)	إشارة الإنعطاف
luci (f pl) di retromarcia	ḍū' el rogū' lel χalf (m)	ضوء الرجوع للخلف

148. Automobili. Vano passeggeri

abitacolo (m)	ṣalone el sayāra (m)	صالون السيارة
di pelle	men el geld	من الجلد
in velluto	men el moχmal	من المخمل
rivestimento (m)	tangīd (m)	تنجيد
strumento (m) di bordo	gehāz (m)	جهاز
cruscotto (m)	lawḥet ag-heza (f)	لوحة أجهزة

tachimetro (m)	me'yās sor'a (m)	مقياس سرعة
lancetta (f)	mo'asʃer (m)	مؤشّر
contachilometri (m)	'addād el mesafāt (m)	عدّاد المسافات
indicatore (m)	'addād (m)	عدّاد
livello (m)	mostawa (m)	مستوى
spia (f) luminosa	lammbet enzār (f)	لمّبة إنذار
volante (m)	moqawwed (m)	مقوّد
clacson (m)	kalaks (m)	كلاكس
pulsante (m)	zerr (m)	زرّ
interruttore (m)	nāqel, meftāḥ (m)	ناقل, مفتاح
sedile (m)	korsy (m)	كرسي
spalliera (f)	masnad el ḍahr (m)	مسند الظهر
appoggiatesta (m)	masnad el ra's (m)	مسند الرأس
cintura (f) di sicurezza	ḥezām el amān (m)	حزام الأمان
allacciare la cintura	rabaṭ el ḥezām	ربط الحزام
regolazione (f)	ḍabṭ (m)	ضبط
airbag (m)	wesāda hawa'iya (f)	وسادة هوائية
condizionatore (m)	takyīf (m)	تكييف
radio (f)	radio (m)	راديو
lettore (m) CD	moʃagɣel sidi (m)	مشغّل سي دي
accendere (vt)	fataḥ, ʃagɣal	فتح, شغّل
antenna (f)	hawā'y (m)	هوائي
vano (m) portaoggetti	dorg (m)	درج
portacenere (m)	ṭa'ṭū'a (f)	طقطوقة

149. Automobili. Motore

motore (m)	moḥarrek (m)	محرّك
motore (m)	motore (m)	موتور
a diesel	'alal diesel	على الديزل
a benzina	'alal banzīn	على البنزين
cilindrata (f)	ḥagm el moḥarrek (m)	حجم المحرّك
potenza (f)	'owwa (f)	قوّة
cavallo vapore (m)	ḥoṣān (m)	حصان
pistone (m)	mekbas (m)	مكبس
cilindro (m)	esṭewāna (f)	أسطوانة
valvola (f)	ṣamām (m)	صمام
iniettore (m)	baχāχa (f)	بخّاخة
generatore (m)	mowalled (m)	مولّد
carburatore (m)	karburetor (m)	كاربراتير
olio (m) motore	zeyt el moḥarrek (m)	زيت المحرّك
radiatore (m)	radiator (m)	رادياتير
liquido (m) di raffreddamento	mobarred (m)	مبرّد
ventilatore (m)	marwaḥa (f)	مروحة
batteria (m)	baṭṭariya (f)	بطّاريّة
motorino (m) d'avviamento	meftāḥ el taʃɣīl (m)	مفتاح التشغيل

accensione (f)	nezām taʃɣīl (m)	نظام تشغيل
candela (f) d'accensione	ʃam'et el eḥterāq (f)	شمعة الإحتراق

morsetto (m)	ṭaraf tawṣīl (m)	طرف توصيل
più (m)	ṭaraf muwgeb (m)	طرف موجب
meno (m)	ṭaraf sāleb (m)	طرف سالب
fusibile (m)	fetīl (m)	فتيل

filtro (m) dell'aria	ṣaffāyet el hawā' (f)	صفّاية الهواء
filtro (m) dell'olio	ṣaffāyet el zeyt (f)	صفّاية الزيت
filtro (m) del carburante	ṣaffāyet el banzīn (f)	صفّاية البنزين

150. Automobili. Incidente. Riparazione

incidente (m)	ḥadset sayāra (f)	حادثة سيارة
incidente (m) stradale	ḥādes morūry (m)	حادث مروري
sbattere contro ...	xabaṭ	خبط
avere un incidente	daʃdaʃ	دشدش
danno (m)	xesāra (f)	خسارة
illeso (agg)	salīm	سليم

essere rotto	ta'aṭṭal	تعطّل
cavo (m) di rimorchio	ḥabl el saḥb	حبل السحب

foratura (f)	soqb (m)	ثقب
essere a terra	fasʃ	فشّ
gonfiare (vt)	nafax	نفخ
pressione (f)	ḍaɣṭ (m)	ضغط
controllare (verificare)	extabar	إختبر

riparazione (f)	taṣlīḥ (m)	تصليح
officina (f) meccanica	warʃet taṣlīḥ 'arabīāt (f)	ورشة تصليح عربيات
pezzo (m) di ricambio	'eṭ'et ɣeyār (f)	قطعة غيار
pezzo (m)	'eṭ'a (f)	قطعة

bullone (m)	mesmār 'alawoze (m)	مسمار قلاووظ
bullone (m) a vite	mesmār (m)	مسمار
dado (m)	ṣamūla (f)	صامولة
rondella (f)	warda (f)	وردة
cuscinetto (m)	maḥmal (m)	محمل

tubo (m)	anbūba (f)	أنبوبة
guarnizione (f)	'az'a (f)	عزقة
filo (m), cavo (m)	selk (m)	سلك

cric (m)	'afrīṭa (f)	عفريطة
chiave (f)	meftāḥ rabṭ (m)	مفتاح ربط
martello (m)	ʃakūʃ (m)	شاكوش
pompa (f)	ṭolommba (f)	طلمّبة
giravite (m)	mefakk (m)	مفكّ

estintore (m)	ṭaffayet ḥarī' (f)	طفّاية حريق
triangolo (m) di emergenza	eʃāret taḥzīr (f)	إشارة تحذير
spegnersi (vr)	et'aṭṭal	إتعطّل

spegnimento (m) motore	tawaqqof (m)	توقّف
essere rotto	kān maksūr	كان مكسور
surriscaldarsi (vr)	soxn aktar men el lāzem	سخن أكثر من اللازم
intasarsi (vr)	kān masdūd	كان مسدود
ghiacciarsi (di tubi, ecc.)	etgammed	إتجمّد
spaccarsi (vr)	enqaṭa' - ett'aṭṭa'	إنقطع
pressione (f)	ḍaɣṭ (m)	ضغط
livello (m)	mostawa (m)	مستوى
lento (cinghia ~a)	ḍa'īf	ضعيف
ammaccatura (f)	ṭa'ga (f)	طعجة
battito (m) (nel motore)	da'' (m)	دقّ
fessura (f)	ʃa'' (m)	شقّ
graffiatura (f)	xadʃ (m)	خدش

151. Automobili. Strada

strada (f)	ṭarī' (m)	طريق
autostrada (f)	ṭarī' saree' (m)	طريق سريع
superstrada (f)	otostrad (m)	اوتوستراد
direzione (f)	ettegāh (m)	إتّجاه
distanza (f)	masāfa (f)	مسافة
ponte (m)	kobry (m)	كبري
parcheggio (m)	maw'ef el 'arabeyāt (m)	موقف العربيات
piazza (f)	medān (m)	ميدان
svincolo (m)	taqāṭo' ṭoro' (m)	تقاطع طرق
galleria (f), tunnel (m)	nafa' (m)	نفق
distributore (m) di benzina	maḥaṭṭet banzīn (f)	محطّة بنزين
parcheggio (m)	maw'ef el 'arabeyāt (m)	موقف العربيات
pompa (f) di benzina	maḍaxet banzīn (f)	مضخّة بنزين
officina (f) meccanica	warʃet taṣlīḥ 'arabīāt (f)	ورشة تصليح عربيات
fare benzina	mala banzīn	ملى بنزين
carburante (m)	woqūd (m)	وقود
tanica (f)	ʒerken (m)	جركن
asfalto (m)	asfalt (m)	اسفلت
segnaletica (f) stradale	'alamāt el ṭarī' (pl)	علامات الطريق
cordolo (m)	bardora (f)	بردورة
barriera (f) di sicurezza	sūr (m)	سور
fosso (m)	ter'a (f)	ترعة
ciglio (m) della strada	ḥaffet el ṭarī' (f)	حافّة الطريق
lampione (m)	'amūd nūr (m)	عمود نور
guidare (~ un veicolo)	sā'	ساق
girare (~ a destra)	ḥād	حاد
fare un'inversione a U	laff fe u-turn	لفّ في يو تيرن
retromarcia (m)	ḥaraka ela al warā' (f)	حركة إلى الوراء
suonare il clacson	zammar	زمّر
colpo (m) di clacson	kalaks (m)	كلاكس

incastrarsi (vr)	ɣaraz	غرز
impantanarsi (vr)	dawwar	دوّر
spegnere (~ il motore)	awqaf	أوقف
velocità (f)	sorʿa (f)	سرعة
superare i limiti di velocità	ʿadda el sorʿa	عدّى السرعة
multare (vt)	farad ɣarāma	فرض غرامة
semaforo (m)	eʃārāt el morūr (pl)	إشارات المرور
patente (f) di guida	roxṣet el qeyāda (f)	رخصة قيادة
passaggio (m) a livello	maʿbar (m)	معبر
incrocio (m)	taqāṭoʿ (m)	تقاطع
passaggio (m) pedonale	maʿbar (m)	معبر
curva (f)	monʿaṭaf (m)	منعطف
zona (f) pedonale	mante'a lel moʃāh (f)	منطقة للمشاة

GENTE. SITUAZIONI QUOTIDIANE

Situazioni quotidiane

152. Vacanze. Evento

festa (f)	'īd (m)	عيد
festa (f) nazionale	'īd waṭany (m)	عيد وطني
festività (f) civile	agāza rasmiya (f)	أجازة رسميّة
festeggiare (vt)	eḥtafal be zekra	إحتفل بذكرى
avvenimento (m)	ḥadass (m)	حدث
evento (m) (organizzare un ~)	monasba (f)	مناسبة
banchetto (m)	walīma (f)	وليمة
ricevimento (m)	ḥaflet este'bāl (f)	حفلة إستقبال
festino (m)	walīma (f)	وليمة
anniversario (m)	zekra sanawiya (f)	ذكرى سنوية
giubileo (m)	yobeyl (m)	يوبيل
festeggiare (vt)	eḥtafal	إحتفل
Capodanno (m)	ra's el sanna (m)	رأس السنة
Buon Anno!	koll sana wenta ṭayeb!	كلّ سنة وأنت طيّب!
Babbo Natale (m)	baba neweyl (m)	بابا نويل
Natale (m)	'īd el melād (m)	عيد الميلاد
Buon Natale!	'īd melād sa'īd!	عيد ميلاد سعيد!
Albero (m) di Natale	ʃagaret el kresmas (f)	شجرة الكريسمس
fuochi (m pl) artificiali	al'āb nāriya (pl)	ألعاب ناريّة
nozze (f pl)	faraḥ (m)	فرح
sposo (m)	'arīs (m)	عريس
sposa (f)	'arūsa (f)	عروسة
invitare (vt)	'azam	عزم
invito (m)	beṭā'et da'wa (f)	بطاقة دعوة
ospite (m)	ḍeyf (m)	ضيف
andare a trovare	zār	زار
accogliere gli invitati	esta'bal ḍoyūf	إستقبل ضيوف
regalo (m)	hediya (f)	هديّة
offrire (~ un regalo)	edda	إدّى
ricevere i regali	estalam hadāya	إستلم هدايا
mazzo (m) di fiori	bokeyh (f)	بوكيه
auguri (m pl)	tahne'a (f)	تهنئة
augurare (vt)	hanna	هنّأ
cartolina (f)	beṭā'et tahne'a (f)	بطاقة تهنئة

mandare una cartolina	ba'at beṭā'et tahne'a	بعت بطاقة تهنئة
ricevere una cartolina	estalam beṭā'a tahne'a	استلم بطاقة تهنئة
brindisi (m)	naχab (m)	نخب
offrire (~ qualcosa da bere)	ḍayaf	ضيّف
champagne (m)	ʃambania (f)	شمبانيا
divertirsi (vr)	estamta'	إستمتع
allegria (f)	bahga (f)	بهجة
gioia (f)	sa'āda (f)	سعادة
danza (f), ballo (m)	ra'ṣa (f)	رقصة
ballare (vi, vt)	ra'aṣ	رقص
valzer (m)	valles (m)	فالس
tango (m)	tango (m)	تانجو

153. Funerali. Sepoltura

cimitero (m)	maqbara (f)	مقبرة
tomba (f)	'abr (m)	قبر
croce (f)	ṣalīb (m)	صليب
pietra (f) tombale	ḥagar el ma''bara (m)	حجر المقبرة
recinto (m)	sūr (m)	سور
cappella (f)	kenīsa saɣīra (f)	كنيسة صغيرة
morte (f)	mote (m)	موت
morire (vi)	māt	مات
defunto (m)	el motawaffy (m)	المتوفّي
lutto (m)	ḥedād (m)	حداد
seppellire (vt)	dafan	دفن
sede (f) di pompe funebri	maktab mota'ahhed el dafn (m)	مكتب متعهّد الدفن
funerale (m)	ganāza (f)	جنازة
corona (f) di fiori	eklīl (m)	إكليل
bara (f)	tabūt (m)	تابوت
carro (m) funebre	na'ʃ (m)	نعش
lenzuolo (m) funebre	kafan (m)	كفن
corteo (m) funebre	ganāza (f)	جنازة
urna (f) funeraria	garra gana'eziya (f)	جرّة جنائزية
crematorio (m)	maḥra'et gosas el mawta (f)	محرقة جثث الموتى
necrologio (m)	segel el wafiāt (m)	سجل الوفيات
piangere (vi)	baka	بكى
singhiozzare (vi)	nawwaḥ	نوّح

154. Guerra. Soldati

plotone (m)	faṣīla (f)	فصيلة
compagnia (f)	serriya (f)	سريّة

reggimento (m)	foge (m)	فوج
esercito (m)	geyʃ (m)	جيش
divisione (f)	fer'a (f)	فرقة
distaccamento (m)	weḥda (f)	وحدة
armata (f)	geyʃ (m)	جيش
soldato (m)	gondy (m)	جنّدي
ufficiale (m)	ḍābeṭ (m)	ضابط
soldato (m) semplice	gondy (m)	جنّدي
sergente (m)	raqīb tāny (m)	رقيب تاني
tenente (m)	molāzem tāny (m)	ملازم تاني
capitano (m)	naqīb (m)	نقيب
maggiore (m)	rā'ed (m)	رائد
colonnello (m)	ʿaqīd (m)	عقيد
generale (m)	ʒenerāl (m)	جنرال
marinaio (m)	baḥḥār (m)	بحّار
capitano (m)	'obṭān (m)	قبطان
nostromo (m)	rabbān (m)	ربّان
artigliere (m)	gondy fe selāḥ el madfaʿiya (m)	جنّدي في سلاح المدفعيّة
paracadutista (m)	selāḥ el maẓallāt (m)	سلاح المظلّلات
pilota (m)	ṭayār (m)	طيّار
navigatore (m)	mallāḥ (m)	ملاّح
meccanico (m)	mikanīky (m)	ميكانيكي
geniere (m)	mohandes ʿaskary (m)	مهندس عسكري
paracadutista (m)	gondy el baraʃot (m)	جنّدي الباراشوت
esploratore (m)	kaʃāfet el esteṭlāʿ (f)	كشّافة الإستطلاع
cecchino (m)	qannāṣ (m)	قنّاص
pattuglia (f)	dawriya (f)	دوّريّة
pattugliare (vt)	'ām be dawriya	قام بدوريّة
sentinella (f)	ḥāres (m)	حارس
guerriero (m)	muḥāreb (m)	محارب
patriota (m)	waṭany (m)	وطني
eroe (m)	baṭal (m)	بطل
eroina (f)	baṭala (f)	بطلة
traditore (m)	χāyen (m)	خاين
tradire (vt)	χān	خان
disertore (m)	hāreb men el gondiya (m)	هارب من الجنديّة
disertare (vi)	farr men el geyʃ	فرّ من الجيش
mercenario (m)	ma'gūr (m)	مأجور
recluta (f)	gondy gedīd (m)	جنّدي جديد
volontario (m)	motaṭawweʿ (m)	متطوّع
ucciso (m)	'atīl (m)	قتيل
ferito (m)	garīḥ (m)	جريح
prigioniero (m) di guerra	asīr ḥarb (m)	أسير حرب

155. Guerra. Azioni militari. Parte 1

guerra (f)	ḥarb (f)	حرب
essere in guerra	ḥārab	حارب
guerra (f) civile	ḥarb ahliya (f)	حرب أهليّة
perfidamente	ɣadran	غدراً
dichiarazione (f) di guerra	e'lān ḥarb (m)	إعلان حرب
dichiarare (~ guerra)	a'lan	أعلن
aggressione (f)	'edwān (m)	عدوان
attaccare (vt)	hagam	هجم
invadere (vt)	eḥtall	إحتلّ
invasore (m)	moḥtell (m)	محتلّ
conquistatore (m)	fāteḥ (m)	فاتح
difesa (f)	defā' (m)	دفاع
difendere (~ un paese)	dāfa'	دافع
difendersi (vr)	dāfa' 'an ...	دافع عن ...
nemico (m)	'adeww (m)	عدوّ
avversario (m)	χeṣm (m)	خصم
ostile (agg)	'adeww	عدوّ
strategia (f)	estrateʒiya (f)	إستراتيجيّة
tattica (f)	taktīk (m)	تكتيك
ordine (m)	amr (m)	أمر
comando (m)	amr (m)	أمر
ordinare (vt)	amar	أمر
missione (f)	mohemma (f)	مهمّة
segreto (agg)	serry	سرّي
battaglia (f)	ma'raka (f)	معركة
combattimento (m)	'etāl (m)	قتال
attacco (m)	hogūm (m)	هجوم
assalto (m)	enqeḍāḍ (m)	إنقضاض
assalire (vt)	enqaḍḍ	إنقضّ
assedio (m)	ḥeṣār (m)	حصار
offensiva (f)	hogūm (m)	هجوم
passare all'offensiva	hagam	هجم
ritirata (f)	enseḥāb (m)	إنسحاب
ritirarsi (vr)	ensaḥab	إنسحب
accerchiamento (m)	eḥāṭa (f)	إحاطة
accerchiare (vt)	aḥāṭ	أحاط
bombardamento (m)	'aṣf (m)	قصف
lanciare una bomba	asqaṭ qonbola	أسقط قنبلة
bombardare (vt)	'aṣaf	قصف
esplosione (f)	enfegār (m)	إنفجار
sparo (m)	ṭal'a (f)	طلقة

sparare un colpo	aṭlaq el nār	أطلق النار
sparatoria (f)	eṭlāq nār (m)	إطلاق نار
puntare su ...	ṣawwab ʿala ...	... صوّب على
puntare (~ una pistola)	ṣawwab	صوّب
colpire (~ il bersaglio)	aṣāb el hadaf	أصاب الهدف
affondare (mandare a fondo)	aɣraʾ	أغرق
falla (f)	soqb (m)	ثقب
affondare (andare a fondo)	ɣereʾ	غرق
fronte (m) (~ di guerra)	gabha (f)	جبهة
evacuazione (f)	eχlāʾ (m)	إخلاء
evacuare (vt)	aχla	أخلى
trincea (f)	χondoq (m)	خندق
filo (m) spinato	aslāk ʃāʾeka (pl)	أسلاك شائكة
sbarramento (m)	ḥāgez (m)	حاجز
torretta (f) di osservazione	borg moraʾba (m)	برج مراقبة
ospedale (m) militare	mostaʃfa ʿaskary (m)	مستشفى عسكري
ferire (vt)	garaḥ	جرح
ferita (f)	garḥ (m)	جرح
ferito (m)	garīḥ (m)	جريح
rimanere ferito	oṣīb bel garḥ	أصيب بالجرح
grave (ferita ~)	χaṭīr	خطير

156. Armi

armi (f pl)	asleḥa (pl)	أسلحة
arma (f) da fuoco	asleḥa nāriya (pl)	أسلحة ناريّة
arma (f) bianca	asleḥa bayḍāʾ (pl)	أسلحة بيضاء
armi (f pl) chimiche	asleḥa kemawiya (pl)	أسلحة كيماويّة
nucleare (agg)	nawawy	نوويّ
armi (f pl) nucleari	asleḥa nawawiya (pl)	أسلحة نوويّة
bomba (f)	qonbela (f)	قنبلة
bomba (f) atomica	qonbela nawawiya (f)	قنبلة نوويّة
pistola (f)	mosaddas (m)	مسدّس
fucile (m)	bondoqiya (f)	بندقيّة
mitra (m)	mosaddas rasʃāʃ (m)	مسدّس رشّاش
mitragliatrice (f)	rasʃāʃ (m)	رشّاش
bocca (f)	fawha (f)	فوهة
canna (f)	anbūba (f)	أنبوبة
calibro (m)	ʿeyār (m)	عيار
grilletto (m)	zanād (m)	زناد
mirino (m)	moṣawweb (m)	مصوّب
caricatore (m)	maχzan (m)	مخزن
calcio (m)	ʿaqab el bondoʾiya (m)	عقب البندقيّة
bomba (f) a mano	qonbela yadawiya (f)	قنبلة يدويّة

esplosivo (m)	mawād motafaggera (pl)	مواد متفجّرة
pallottola (f)	roṣāṣa (f)	رصاصة
cartuccia (f)	χarṭūʃa (f)	خرطوشة
carica (f)	ḥaʃwa (f)	حشوة
munizioni (f pl)	zaχīra (f)	ذخيرة
bombardiere (m)	qazefet qanābel (f)	قاذفة قنابل
aereo (m) da caccia	ṭayāra muqātela (f)	طيّارة مقاتلة
elicottero (m)	heliokobter (m)	هليكوبتر
cannone (m) antiaereo	madfaʿ moḍād lel ṭaʾerāṭ (m)	مدفع مضاد للطائرات
carro (m) armato	dabbāba (f)	دبّابة
cannone (m)	madfaʿ el dabbāba (m)	مدفع الدبّابة
artiglieria (f)	madfaʿiya (f)	مدفعيّة
cannone (m)	madfaʿ (m)	مدفع
mirare a …	ṣawwab	صوّب
proiettile (m)	qazīfa (f)	قذيفة
granata (f) da mortaio	qonbela hawn (f)	قنبلة هاون
mortaio (m)	hawn (m)	هاون
scheggia (f)	ʃazya (f)	شظية
sottomarino (m)	ɣawwāṣa (f)	غوّاصة
siluro (m)	ṭorbīd (m)	طوربيد
missile (m)	ṣarūχ (m)	صاروخ
caricare (~ una pistola)	ʿammar	عمّر
sparare (vi)	ḍarab bel nār	ضرب بالنار
puntare su …	ṣawwab ʿala …	صوّب على ...
baionetta (f)	ḥerba (f)	حربة
spada (f)	seyf zu ḥaddeyn (m)	سيف ذو حدّين
sciabola (f)	seyf monḥany (m)	سيف منحني
lancia (f)	remḥ (m)	رمح
arco (m)	qose (m)	قوس
freccia (f)	sahm (m)	سهم
moschetto (m)	musket (m)	مسكيت
balestra (f)	qose mostaʿraḍ (m)	قوس مستعرض

157. Gli antichi

primitivo (agg)	bedāʾy	بدائي
preistorico (agg)	ma qabl el tarīχ	ما قبل التاريخ
antico (agg)	ʾadīm	قديم
Età (f) della pietra	el ʿaṣr el ḥagary (m)	العصر الحجري
Età (f) del bronzo	el ʿaṣr el bronzy (m)	العصر البرونزي
epoca (f) glaciale	el ʿaṣr el galīdy (m)	العصر الجليدي
tribù (f)	qabīla (f)	قبيلة
cannibale (m)	ʾākel loḥūm el baʃar (m)	آكل لحوم البشر
cacciatore (m)	ṣayād (m)	صيّاد
cacciare (vt)	eṣṭād	إصطاد

mammut (m)	mamūθ (m)	ماموث
caverna (f), grotta (f)	kahf (m)	كهف
fuoco (m)	nār (f)	نار
falò (m)	nār moχayem (m)	نار مخيّم
pittura (f) rupestre	rasm fel kahf (m)	رسم في الكهف
strumento (m) di lavoro	adah (f)	أداة
lancia (f)	remḥ (m)	رمح
ascia (f) di pietra	fa'%s ḥagary (m)	فأس حجري
essere in guerra	ḥārab	حارب
addomesticare (vt)	esta'nas	استئنس
idolo (m)	ṣanam (m)	صنم
idolatrare (vt)	ʿabad	عبد
superstizione (f)	χorāfa (f)	خرافة
rito (m)	mansak (m)	منسك
evoluzione (f)	taṭṭawwor (m)	تطوّر
sviluppo (m)	nomoww (m)	نموّ
estinzione (f)	enqerāḍ (m)	إنقراض
adattarsi (vr)	takayaf (maʿ)	تكيّف (مع)
archeologia (f)	ʿelm el ʾāsār (m)	علم الآثار
archeologo (m)	ʿālem āsār (m)	عالم آثار
archeologico (agg)	asary	أثري
sito (m) archeologico	mawqeʿ ḥafr (m)	موّقع حفر
scavi (m pl)	tanqīb (m)	تنقيب
reperto (m)	ekteʃāf (m)	إكتشاف
frammento (m)	ʾeṭʿa (f)	قطعة

158. Il Medio Evo

popolo (m)	ʃaʿb (m)	شعب
popoli (m pl)	ʃoʿūb (pl)	شعوب
tribù (f)	qabīla (f)	قبيلة
tribù (f pl)	qabāʾel (pl)	قبائل
barbari (m pl)	el barabra (pl)	البرابرة
galli (m pl)	el ɣaliyūn (pl)	الغاليّون
goti (m pl)	el qūṭiyūn (pl)	القوطيون
slavi (m pl)	el selāf (pl)	السلاف
vichinghi (m pl)	el viking (pl)	الفايكينج
romani (m pl)	el romān (pl)	الرومان
romano (agg)	romāny	روماني
bizantini (m pl)	bizanṭiyūn (pl)	بيزنطيون
Bisanzio (m)	bīzanṭa (f)	بيزنطة
bizantino (agg)	bīzanṭy	بيزنطي
imperatore (m)	embraṭore (m)	إمبراطور
capo (m)	zaʿīm (m)	زعيم
potente (un re ~)	gabbār	جبّار

re (m)	malek (m)	ملك
governante (m) (sovrano)	ḥākem (m)	حاكم
cavaliere (m)	fāres (m)	فارس
feudatario (m)	eqṭā'y (m)	إقطاعي
feudale (agg)	eqṭā'y	إقطاعي
vassallo (m)	ḥākem tābe' (m)	حاكم تابع
duca (m)	dū' (m)	دوق
conte (m)	earl (m)	ايرل
barone (m)	barūn (m)	بارون
vescovo (m)	asqof (m)	أسقف
armatura (f)	der' (m)	درع
scudo (m)	der' (m)	درع
spada (f)	seyf (m)	سيف
visiera (f)	ḥaffa amamiya lel χoza (f)	حافة أماميّة للخوذة
cotta (f) di maglia	der' el zard (m)	درع الزرد
crociata (f)	ḥamla ṣalībiya (f)	حملة صليبيّة
crociato (m)	ṣalīby (m)	صليبي
territorio (m)	arḍ (f)	أرض
attaccare (vt)	hagam	هجم
conquistare (vt)	fataḥ	فتح
occupare (invadere)	eḥtall	إحتلّ
assedio (m)	ḥeṣār (m)	حصار
assediato (agg)	moḥāṣar	محاصر
assediare (vt)	ḥāṣar	حاصر
inquisizione (f)	maḥākem el taftīʃ (pl)	محاكم التفتيش
inquisitore (m)	mofatteʃ (m)	مفتّش
tortura (f)	ta'zīb (m)	تعذيب
crudele (agg)	waḥʃy	وحشي
eretico (m)	moharṭeq (m)	مهرطق
eresia (f)	harṭa'a (f)	هرطقة
navigazione (f)	el safar bel baḥr (m)	السفر بالبحر
pirata (m)	'orṣān (m)	قرصان
pirateria (f)	'arṣana (f)	قرصنة
arrembaggio (m)	mohagmet safīna (f)	مهاجمة سفينة
bottino (m)	ɣanīma (f)	غنيمة
tesori (m)	konūz (pl)	كنوز
scoperta (f)	ekteʃāf (m)	إكتشاف
scoprire (~ nuove terre)	ektaʃaf	إكتشف
spedizione (f)	be'sa (f)	بعثة
moschettiere (m)	fāres (m)	فارس
cardinale (m)	kardinal (m)	كاردينال
araldica (f)	ʃe'ārāt el nabāla (pl)	شعارات النبالة
araldico (agg)	χāṣṣ be ʃe'arāt el nebāla	خاصّ بشعارات النبالة

159. Leader. Capo. Le autorità

re (m)	malek (m)	ملك
regina (f)	maleka (f)	ملكة
reale (agg)	malaky	ملكي
regno (m)	mamlaka (f)	مملكة
principe (m)	amīr (m)	أمير
principessa (f)	amīra (f)	أميرة
presidente (m)	raʾīs (m)	رئيس
vicepresidente (m)	nāʾeb el raʾīs (m)	نائب الرئيس
senatore (m)	ʿoḍw magles el ʃoyūχ (m)	عضو مجلس الشيوخ
monarca (m)	ʿāhel (m)	عاهل
governante (m) (sovrano)	ḥākem (m)	حاكم
dittatore (m)	dektatore (m)	ديكتاتور
tiranno (m)	ṭāɣeya (f)	طاغية
magnate (m)	raʾsmāly kebīr (m)	رأسمالي كبير
direttore (m)	modīr (m)	مدير
capo (m)	raʾīs (m)	رئيس
dirigente (m)	modīr (m)	مدير
capo (m)	raʾīs (m)	رئيس
proprietario (m)	ṣāḥeb (m)	صاحب
leader (m)	zaʿīm (m)	زعيم
capo (m) (~ delegazione)	raʾīs (m)	رئيس
autorità (f pl)	solṭāt (pl)	سلطات
superiori (m pl)	roʾasāʾ (pl)	رؤساء
governatore (m)	muḥāfeẓ (m)	محافظ
console (m)	qonṣol (m)	قنصل
diplomatico (m)	deblomāsy (m)	دبلوماسي
sindaco (m)	raʾīs el baladiya (m)	رئيس البلديّة
sceriffo (m)	ʃerīf (m)	شريف
imperatore (m)	embraṭore (m)	إمبراطور
zar (m)	qayṣar (m)	قيصر
faraone (m)	ferʿone (m)	فرعون
khan (m)	χān (m)	خان

160. Infrangere la legge. Criminali. Parte 1

bandito (m)	qāṭeʿ ṭarīʾ (m)	قاطع طريق
delitto (m)	garīma (f)	جريمة
criminale (m)	mogrem (m)	مجرم
ladro (m)	sāreʾ (m)	سارق
rubare (vi, vt)	saraʾ	سرق
furto (m), ruberia (f)	serʾa (f)	سرقة
rapire (vt)	χaṭaf	خطف
rapimento (m)	χaṭf (m)	خطف

rapitore (m)	χāṭef (m)	خاطف
riscatto (m)	fedya (f)	فدية
chiedere il riscatto	ṭalab fedya	طلب فدية
rapinare (vt)	nahab	نهب
rapina (f)	nahb (m)	نهب
rapinatore (m)	nahhāb (m)	نهّاب
estorcere (vt)	balṭag	بلطج
estorsore (m)	balṭagy (m)	بلطجي
estorsione (f)	balṭaga (f)	بلطجة
uccidere (vt)	'atal	قتل
assassinio (m)	'atl (m)	قتل
assassino (m)	qātel (m)	قاتل
sparo (m)	ṭal'et nār (f)	طلقة نار
tirare un colpo	aṭlaq el nār	أطلق النار
abbattere (con armi da fuoco)	'atal bel roṣāṣ	قتل بالرصاص
sparare (vi)	ḍarab bel nār	ضرب بالنار
sparatoria (f)	ḍarb nār (m)	ضرب نار
incidente (m) (rissa, ecc.)	ḥādes (m)	حادث
rissa (f)	χenā'a (f)	خناقة
Aiuto!	sā'idni	ساعدني!
vittima (f)	ḍaḥiya (f)	ضحيّة
danneggiare (vt)	χarrab	خرّب
danno (m)	χesāra (f)	خسارة
cadavere (m)	gossa (f)	جثّة
grave (reato ~)	χaṭīra	خطيرة
aggredire (vt)	hagam	هجم
picchiare (vt)	ḍarab	ضرب
malmenare (picchiare)	ḍarab	ضرب
sottrarre (vt)	salab	سلب
accoltellare a morte	ṭa'an ḥatta el mote	طعن حتّى الموت
mutilare (vt)	ʃawwah	شوّه
ferire (vt)	garaḥ	جرح
ricatto (m)	ebtezāz (m)	إبتزاز
ricattare (vt)	ebtazz	إبتزّ
ricattatore (m)	mobtazz (m)	مبتزّ
estorsione (f)	balṭaga (f)	بلطجة
estortore (m)	mobtazz (m)	مبتزّ
gangster (m)	ragol 'eṣāba (m)	رجل عصابة
mafia (f)	mafia (f)	مافيا
borseggiatore (m)	nasʃāl (m)	نشّال
scassinatore (m)	leṣṣ beyūt (m)	لص بيوت
contrabbando (m)	tahrīb (m)	تهريب
contrabbandiere (m)	moharreb (m)	مهرّب
falsificazione (f)	tazwīr (m)	تزوير
falsificare (vt)	zawwar	زوّر
falso, falsificato (agg)	mozawwara	مزوّرة

161. Infrangere la legge. Criminali. Parte 2

stupro (m)	eɣteṣāb (m)	إغتصاب
stuprare (vt)	eɣtaṣab	إغتصب
stupratore (m)	moɣtaṣeb (m)	مغتصب
maniaco (m)	mahwūs (m)	مهووس
prostituta (f)	mommos (f)	مومّس
prostituzione (f)	daʿāra (f)	دعارة
magnaccia (m)	qawwād (m)	قوّاد
drogato (m)	modmen moχaddarāt (m)	مدمن مخدّرات
trafficante (m) di droga	tāger moχaddarāt (m)	تاجر مخدّرات
far esplodere	faggar	فجّر
esplosione (f)	enfegār (m)	إنفجار
incendiare (vt)	aʃʿal el nār	أشعل النار
incendiario (m)	moʃʿel ḥarīq ʿan ʿamd (m)	مشعل حريق عن عمد
terrorismo (m)	erhāb (m)	إرهاب
terrorista (m)	erhāby (m)	إرهابي
ostaggio (m)	rahīna (m)	رهينة
imbrogliare (vt)	eḥtāl	إحتال
imbroglio (m)	eḥteyāl (m)	إحتيال
imbroglione (m)	moḥtāl (m)	محتال
corrompere (vt)	raʃa	رشا
corruzione (f)	erteʃāʾ (m)	إرتشاء
bustarella (f)	raʃwa (f)	رشوة
veleno (m)	semm (m)	سمّ
avvelenare (vt)	sammem	سمّم
avvelenarsi (vr)	sammem nafsoh	سمّم نفسه
suicidio (m)	enteḥār (m)	إنتحار
suicida (m)	montaḥer (m)	منتحر
minacciare (vt)	hadded	هدّد
minaccia (f)	tahdīd (m)	تهديد
attentare (vi)	ḥāwel eɣteyāl	حاول إغتيال
attentato (m)	moḥawlet eɣteyāl (f)	محاولة إغتيال
rubare (~ una macchina)	saraʾ	سرق
dirottare (~ un aereo)	eχtaṭaf	إختطف
vendetta (f)	enteqām (m)	إنتقام
vendicare (vt)	entaqam	إنتقم
torturare (vt)	ʿazzeb	عذّب
tortura (f)	taʿzīb (m)	تعذيب
maltrattare (vt)	ʿazzeb	عذّب
pirata (m)	ʾorṣān (m)	قرصان
teppista (m)	wabaʃ (m)	وبش

armato (agg)	mosallaḥ	مسلّح
violenza (f)	ʿonf (m)	عنف
illegale (agg)	meʃ qanūniy	مش قانونيّ
spionaggio (m)	tagassas (m)	تجسّس
spiare (vi)	tagassas	تجسّس

162. Polizia. Legge. Parte 1

giustizia (f)	qaḍā' (m)	قضاء
tribunale (m)	maḥkama (f)	محكمة
giudice (m)	qāḍy (m)	قاضي
giurati (m)	moḥallafīn (pl)	محلّفين
processo (m) con giuria	qaḍā' el muḥallafīn (m)	قضاء المحلّفين
giudicare (vt)	ḥakam	حكم
avvocato (m)	muḥāmy (m)	محامي
imputato (m)	moddaʿy ʿaleyh (m)	مدّعي عليه
banco (m) degli imputati	'afaṣ el ettehām (m)	قفص الإتّهام
accusa (f)	ettehām (m)	إتّهام
accusato (m)	mottaham (m)	متّهم
condanna (f)	ḥokm (m)	حكم
condannare (vt)	ḥakam	حكم
colpevole (m)	gāny (m)	جاني
punire (vt)	ʿāqab	عاقب
punizione (f)	ʿeqāb (m)	عقاب
multa (f), ammenda (f)	ɣarāma (f)	غرامة
ergastolo (m)	segn mada el ḥayah (m)	سجن مدى الحياة
pena (f) di morte	ʿoqūbet 'eʿdām (f)	عقوبة إعدام
sedia (f) elettrica	el korsy el kaharabā'y (m)	الكرسي الكهربائي
impiccagione (f)	maʃna'a (f)	مشنقة
giustiziare (vt)	aʿdam	أعدم
esecuzione (f)	eʿdām (m)	إعدام
prigione (f)	segn (m)	سجن
cella (f)	zenzāna (f)	زنزانة
scorta (f)	ḥerāsa (f)	حراسة
guardia (f) carceraria	ḥāres segn (m)	حارس سجن
prigioniero (m)	sagīn (m)	سجين
manette (f pl)	kalabʃāt (pl)	كلابشات
mettere le manette	kalbeʃ	كلبش
fuga (f)	horūb men el segn (m)	هروب من السجن
fuggire (vi)	hereb	هرب
scomparire (vi)	eχtafa	إختفى
liberare (vt)	aχla sabīl	أخلى سبيل

amnistia (f)	'afw 'ām (m)	عفو عام
polizia (f)	ʃorṭa (f)	شرطة
poliziotto (m)	ʃorṭy (m)	شرطي
commissariato (m)	qesm ʃorṭa (m)	قسم شرطة
manganello (m)	'aṣāya maṭṭāṭiya (f)	عصاية مطّاطية
altoparlante (m)	bū' (m)	بوق
macchina (f) di pattuglia	'arabiyet dawrīāt (f)	عربيّة دوريات
sirena (f)	sarīna (f)	سرينة
mettere la sirena	walla' el sarīna	ولّع السرينة
suono (m) della sirena	ṣote sarīna (m)	صوت سرينة
luogo (m) del crimine	masraḥ el garīma (m)	مسرح الجريمة
testimone (m)	ʃāhed (m)	شاهد
libertà (f)	ḥorriya (f)	حرّيّة
complice (m)	ʃerīk fel garīma (m)	شريك في الجريمة
fuggire (vi)	hereb	هرب
traccia (f)	asar (m)	أثر

163. Polizia. Legge. Parte 2

ricerca (f) (~ di un criminale)	baḥs (m)	بحث
cercare (vt)	dawwar 'ala	دوّر على
sospetto (m)	ʃobha (f)	شبهة
sospetto (agg)	maʃbūh	مشبوه
fermare (vt)	awqaf	أوقّف
arrestare (qn)	e'taqal	إعتقل
causa (f)	'aḍiya (f)	قضيّة
inchiesta (f)	taḥ'ī' (m)	تحقيق
detective (m)	moḥaqqeq (m)	محقّق
investigatore (m)	mofatteʃ (m)	مفتّش
versione (f)	rewāya (f)	رواية
movente (m)	dāfe' (m)	دافع
interrogatorio (m)	estegwāb (m)	إستجواب
interrogare (sospetto)	estagweb	إستجوّب
interrogare (vicini)	estanṭa'	إستنطق
controllo (m) (~ di polizia)	faḥṣ (m)	فحص
retata (f)	gam' (m)	جمع
perquisizione (f)	taftīʃ (m)	تفتيش
inseguimento (m)	moṭarda (f)	مطاردة
inseguire (vt)	ṭārad	طارد
essere sulle tracce	tatabba'	تتبّع
arresto (m)	e'teqāl (m)	إعتقال
arrestare (qn)	e'taqal	اعتقل
catturare (~ un ladro)	'abaḍ 'ala	قبض على
cattura (f)	'abḍ (m)	قبض
documento (m)	wasīqa (f)	وثيقة
prova (f), reperto (m)	dalīl (m)	دليل
provare (vt)	asbat	أثبت

impronta (f) del piede	baṣma (f)	بصمة
impronte (f pl) digitali	baṣamāt el aṣābe' (pl)	بصمات الأصابع
elemento (m) di prova	'eṭ'a men el adella (f)	قطعة من الأدلّة
alibi (m)	ḥegget ɣeyāb (f)	حجّة غياب
innocente (agg)	barī'	بريء
ingiustizia (f)	ẓolm (m)	ظلم
ingiusto (agg)	meʃ 'ādel	مش عادل
criminale (agg)	mogrem	مجرم
confiscare (vt)	ṣādar	صادر
droga (f)	moχaddarāt (pl)	مخدّرات
armi (f pl)	selāḥ (m)	سلاح
disarmare (vt)	garrad men el selāḥ	جرّد من السلاح
ordinare (vt)	amar	أمر
sparire (vi)	eχtafa	إختفى
legge (f)	qanūn (m)	قانون
legale (agg)	qanūny	قانوني
illegale (agg)	meʃ qanūny	مش قانوني
responsabilità (f)	mas'oliya (f)	مسؤوليّة
responsabile (agg)	mas'ūl (m)	مسؤول

LA NATURA

La Terra. Parte 1

164. L'Universo

cosmo (m)	faḍā' (m)	فضاء
cosmico, spaziale (agg)	faḍā'y	فضائي
spazio (m) cosmico	el faḍā' el χāregy (m)	الفضاء الخارجي
mondo (m)	ʿālam (m)	عالم
universo (m)	el kōn (m)	الكون
galassia (f)	el magarra (f)	المجرّة
stella (f)	negm (m)	نجم
costellazione (f)	borg (m)	برج
pianeta (m)	kawwkab (m)	كوّكب
satellite (m)	'amar ṣenāʿy (m)	قمر صناعي
meteorite (m)	nayzek (m)	نيّزك
cometa (f)	mozannab (m)	مذنّب
asteroide (m)	kowaykeb (m)	كويكب
orbita (f)	madār (m)	مدار
ruotare (vi)	dār	دار
atmosfera (f)	el ɣelāf el gawwy (m)	الغلاف الجوّي
il Sole	el ʃams (f)	الشمس
sistema (m) solare	el magmūʿa el ʃamsiya (f)	المجموعة الشمسيّة
eclisse (f) solare	kosūf el ʃams (m)	كسوف الشمس
la Terra	el arḍ (f)	الأرض
la Luna	el 'amar (m)	القمر
Marte (m)	el marrīχ (m)	المرّيخ
Venere (f)	el zahra (f)	الزهرة
Giove (m)	el moʃtary (m)	المشتري
Saturno (m)	zoḥḥol (m)	زحل
Mercurio (m)	ʿaṭāred (m)	عطارد
Urano (m)	uranus (m)	اورانوس
Nettuno (m)	nibtūn (m)	نبتون
Plutone (m)	bluto (m)	بلوتو
Via (f) Lattea	darb el tebbāna (m)	درب التبّانة
Orsa (f) Maggiore	el dobb el akbar (m)	الدب الأكبر
Stella (f) Polare	negm el 'oṭb (m)	نجم القطب
marziano (m)	sāken el marrīχ (m)	ساكن المرّيخ
extraterrestre (m)	faḍā'y (m)	فضائي

alieno (m)	kā'en faḍā'y (m)	كائن فضائي
disco (m) volante	ṭaba' ṭā'er (m)	طبق طائر
nave (f) spaziale	markaba faḍa'iya (f)	مركبة فضائية
stazione (f) spaziale	maḥaṭṭet faḍā' (f)	محطّة فضاء
lancio (m)	enṭelāq (m)	إنطلاق
motore (m)	motore (m)	موتور
ugello (m)	manfaθ (m)	منفث
combustibile (m)	woqūd (m)	وقود
cabina (f) di pilotaggio	kabīna (f)	كابينة
antenna (f)	hawā'y (m)	هوائي
oblò (m)	kowwa mostadīra (f)	كوّة مستديرة
batteria (f) solare	lawḥa ʃamsiya (f)	لوحة شمسيّة
scafandro (m)	badlet el faḍā' (f)	بدّلة الفضاء
imponderabilità (f)	en'edām wazn (m)	إنعدام الوزن
ossigeno (m)	oksiʒīn (m)	أوكسجين
aggancio (m)	rasw (m)	رسو
agganciarsi (vr)	rasa	رسى
osservatorio (m)	marṣad (m)	مرصد
telescopio (m)	teleskop (m)	تلسكوب
osservare (vt)	rāqab	راقب
esplorare (vt)	estakʃef	إستكشف

165. La Terra

la Terra	el arḍ (f)	الأرض
globo (m) terrestre	el kora el arḍiya (f)	الكرة الأرضيّة
pianeta (m)	kawwkab (m)	كوّكب
atmosfera (f)	el ɣelāf el gawwy (m)	الغلاف الجوّي
geografia (f)	goɣrafia (f)	جغرافيا
natura (f)	ṭabee'a (f)	طبيعة
mappamondo (m)	namūzag lel kora el arḍiya (m)	نموذج للكرة الأرضيّة
carta (f) geografica	χarīṭa (f)	خريطة
atlante (m)	aṭlas (m)	أطلس
Europa (f)	orobba (f)	أوروبّا
Asia (f)	asya (f)	آسيا
Africa (f)	afreqia (f)	أفريقيا
Australia (f)	ostorālya (f)	أستراليا
America (f)	amrīka (f)	أمريكا
America (f) del Nord	amrīka el ʃamaliya (f)	أمريكا الشماليّة
America (f) del Sud	amrīka el ganūbiya (f)	أمريكا الجنوبيّة
Antartide (f)	el qoṭb el ganūby (m)	القطب الجنوبي
Artico (m)	el qoṭb el ʃamāly (m)	القطب الشمالي

166. Punti cardinali

nord (m)	ʃemāl (m)	شمال
a nord	lel ʃamāl	للشمال
al nord	fel ʃamāl	في الشمال
del nord (agg)	ʃamāly	شمالي
sud (m)	ganūb (m)	جنوب
a sud	lel ganūb	للجنوب
al sud	fel ganūb	في الجنوب
del sud (agg)	ganūby	جنوبي
ovest (m)	ɣarb (m)	غرب
a ovest	lel ɣarb	للغرب
all'ovest	fel ɣarb	في الغرب
dell'ovest, occidentale	ɣarby	غربي
est (m)	ʃarʾ (m)	شرق
a est	lel ʃarʾ	للشرق
all'est	fel ʃarʾ	في الشرق
dell'est, orientale	ʃarʾy	شرقي

167. Mare. Oceano

mare (m)	baḥr (m)	بحر
oceano (m)	moḥīṭ (m)	محيط
golfo (m)	χalīg (m)	خليج
stretto (m)	maḍīq (m)	مضيق
terra (f) (terra firma)	barr (m)	برّ
continente (m)	qārra (f)	قارّة
isola (f)	gezīra (f)	جزيرة
penisola (f)	ʃebh gezeyra (f)	شبه جزيرة
arcipelago (m)	magmūʿet gozor (f)	مجموعة جزر
baia (f)	χalīg (m)	خليج
porto (m)	mināʾ (m)	ميناء
laguna (f)	lagūn (m)	لاجون
capo (m)	raʾs (m)	رأس
atollo (m)	gezīra morganiya estwaʾiya (f)	جزيرة مرجانية إستوائيّة
scogliera (f)	ʃoʿāb (pl)	شعاب
corallo (m)	morgān (m)	مرجان
barriera (f) corallina	ʃoʿāb morganiya (pl)	شعاب مرجانية
profondo (agg)	ʿamīq	عميق
profondità (f)	ʿomq (m)	عمق
abisso (m)	el ʿomq el saḥīq (m)	العمق السحيق
fossa (f) (~ delle Marianne)	χondoq (m)	خندق
corrente (f)	tayār (m)	تيّار
circondare (vt)	ḥāṭ	حاط
litorale (m)	sāḥel (m)	ساحل

costa (f)	sāḥel (m)	ساحل
alta marea (f)	tayār (m)	تيّار
bassa marea (f)	gozor (m)	جزر
banco (m) di sabbia	meyāh ḍaḥla (f)	مياه ضحلة
fondo (m)	qāʿ (m)	قاع
onda (f)	mouga (f)	موجة
cresta (f) dell'onda	qemma (f)	قمّة
schiuma (f)	zabad el baḥr (m)	زبد البحر
tempesta (f)	ʿāṣefa (f)	عاصفة
uragano (m)	eʿṣār (m)	إعصار
tsunami (m)	tsunāmy (m)	تسونامي
bonaccia (f)	hodūʾ (m)	هدوء
tranquillo (agg)	hady	هادئ
polo (m)	ʾoṭb (m)	قطب
polare (agg)	ʾoṭby	قطبي
latitudine (f)	ʿarḍ (m)	عرض
longitudine (f)	χaṭṭ ṭūl (m)	خطّ طول
parallelo (m)	motawāz (m)	متواز
equatore (m)	χaṭṭ el estewāʾ (m)	خطّ الإستواء
cielo (m)	samāʾ (f)	سماء
orizzonte (m)	ofoq (m)	أفق
aria (f)	hawāʾ (m)	هواء
faro (m)	manāra (f)	منارة
tuffarsi (vr)	ɣāṣ	غاص
affondare (andare a fondo)	ɣereʾ	غرق
tesori (m)	konūz (pl)	كنوز

168. Montagne

monte (m), montagna (f)	gabal (m)	جبل
catena (f) montuosa	selselet gebāl (f)	سلسلة جبال
crinale (m)	notūʾ el gabal (m)	نتوء الجبل
cima (f)	qemma (f)	قمّة
picco (m)	qemma (f)	قمّة
piedi (m pl)	asfal (m)	أسفل
pendio (m)	monḥadar (m)	منحدر
vulcano (m)	borkān (m)	بركان
vulcano (m) attivo	borkān naʃeṭ (m)	بركان نشط
vulcano (m) inattivo	borkān χāmed (m)	بركان خامد
eruzione (f)	sawarān (m)	ثوّران
cratere (m)	fawhet el borkān (f)	فوهة البركان
magma (m)	magma (f)	ماجما
lava (f)	ḥomam borkāniya (pl)	حمم بركانية
fuso (lava ~a)	monṣahera	منصهرة
canyon (m)	wādy ḍayeʾ (m)	وادي ضيّق

gola (f)	mamarr ḍaye' (m)	ممرّ ضيّق
crepaccio (m)	ʃa'' (m)	شقّ
precipizio (m)	hāwya (f)	هاوية
passo (m), valico (m)	mamarr gabaly (m)	ممرّ جبلي
altopiano (m)	haḍaba (f)	هضبة
falesia (f)	garf (m)	جرف
collina (f)	tall (m)	تلّ
ghiacciaio (m)	nahr galīdy (m)	نهر جليدي
cascata (f)	ʃallāl (m)	شلّال
geyser (m)	nab' maya ḥāra (m)	نبع ميّة حارة
lago (m)	boḥeyra (f)	بحيرة
pianura (f)	sahl (m)	سهل
paesaggio (m)	manzar ṭabee'y (m)	منظر طبيعي
eco (f)	ṣada (m)	صدى
alpinista (m)	motasalleq el gebāl (m)	متسلّق الجبال
scalatore (m)	motasalleq ṣoχūr (m)	متسلّق صخور
conquistare (~ una cima)	taɣallab 'ala	تغلّب على
scalata (f)	tasalloq (m)	تسلّق

169. Fiumi

fiume (m)	nahr (m)	نهر
fonte (f) (sorgente)	'eyn (m)	عين
letto (m) (~ del fiume)	magra el nahr (m)	مجرى النهر
bacino (m)	ḥoḍe (m)	حوض
sfociare nel ...	ṣabb fe ...	صبّ في...
affluente (m)	rāfed (m)	رافد
riva (f)	ḍaffa (f)	ضفّة
corrente (f)	tayār (m)	تيّار
a valle	ma' ettigāh magra el nahr	مع إتّجاه مجرى النهر
a monte	ḍed el tayār	ضد التيار
inondazione (f)	ɣamr (m)	غمر
piena (f)	fayaḍān (m)	فيضان
straripare (vi)	fāḍ	فاض
inondare (vt)	ɣamar	غمر
secca (f)	meyāh ḍaḥla (f)	مياه ضحلة
rapida (f)	monḥadar el nahr (m)	منحدر النهر
diga (f)	sadd (m)	سدّ
canale (m)	qanah (f)	قناة
bacino (m) di riserva	χazzān mā'y (m)	خزّان مائي
chiusa (f)	bawwāba qanṭara (f)	بوّابة قنطرة
specchio (m) d'acqua	berka (f)	بركة
palude (f)	mostanqa' (m)	مستنقع
pantano (m)	mostanqa' (m)	مستنقع

vortice (m)	dawwāma (f)	دوّامة
ruscello (m)	gadwal (m)	جدوَل
potabile (agg)	el ʃorb	الشرب
dolce (di acqua ~)	ʻazb	عذب
ghiaccio (m)	galīd (m)	جليد
ghiacciarsi (vr)	etgammed	إتجمّد

170. Foresta

foresta (f)	ɣāba (f)	غابة
forestale (agg)	ɣāba	غابة
foresta (f) fitta	ɣāba kasīfa (f)	غابة كثيفة
boschetto (m)	bostān (m)	بستان
radura (f)	ezālet el ɣābāt (f)	إزالة الغابات
roveto (m)	agama (f)	أجمة
boscaglia (f)	arāḍy el ʃogayrāt (pl)	أراضي الشجيرات
sentiero (m)	mamarr (m)	ممرّ
calanco (m)	wādy ḍaye' (m)	وادي ضيّق
albero (m)	ʃagara (f)	شجرة
foglia (f)	wara'a (f)	ورقة
fogliame (m)	wara' (m)	ورق
caduta (f) delle foglie	tasā'oṭ el awrā' (m)	تساقط الأوراق
cadere (vi)	saqaṭ	سقط
cima (f)	ra's (m)	رأس
ramo (m), ramoscello (m)	ɣoṣn (m)	غصن
ramo (m)	ɣoṣn ra'īsy (m)	غصن رئيسي
gemma (f)	borʻom (m)	برعم
ago (m)	ʃawka (f)	شوكة
pigna (f)	kūz el ṣnowbar (m)	كوز الصنوبر
cavità (f)	gofe (m)	جوف
nido (m)	ʻeʃ (m)	عشّ
tana (f) (del fox, ecc.)	goḥr (m)	جحر
tronco (m)	gezʻ (m)	جذع
radice (f)	gezr (m)	جذر
corteccia (f)	leḥā' (m)	لحاء
musco (m)	ṭaḥlab (m)	طحلب
sradicare (vt)	eqtalaʻ	إقتلع
abbattere (~ un albero)	'aṭṭaʻ	قطّع
disboscare (vt)	azāl el ɣabāt	أزال الغابات
ceppo (m)	gezʻ el ʃagara (m)	جذع الشجرة
falò (m)	nār moxayem (m)	نار مخيّم
incendio (m) boschivo	ḥarī' ɣāba (m)	حريق غابة
spegnere (vt)	ṭaffa	طفّى

guardia (f) forestale	ḥāres el ɣāba (m)	حارس الغابة
protezione (f)	ḥemāya (f)	حماية
proteggere (~ la natura)	ḥama	حمى
bracconiere (m)	sāre' el ṣeyd (m)	سارق الصيد
tagliola (f) (~ per orsi)	maṣyada (f)	مصيّدة
raccogliere (vt)	gamma'	جمّع
perdersi (vr)	tāh	تاه

171. Risorse naturali

risorse (f pl) naturali	sarawāt ṭabi'iya (pl)	ثروات طبيعيّة
minerali (m pl)	ma'āden (pl)	معادن
deposito (m) (~ di carbone)	rawāseb (pl)	رواسب
giacimento (m) (~ petrolifero)	ḥaql (m)	حقل
estrarre (vt)	estaχrag	إستخرج
estrazione (f)	esteχrāg (m)	إستخراج
minerale (m) grezzo	χām (m)	خام
miniera (f)	mangam (m)	منجم
pozzo (m) di miniera	mangam (m)	منجم
minatore (m)	'āmel mangam (m)	عامل منجم
gas (m)	ɣāz (m)	غاز
gasdotto (m)	χaṭṭ anabīb ɣāz (m)	خطّ أنابيب غاز
petrolio (m)	nafṭ (m)	نفط
oleodotto (m)	anabīb el nafṭ (pl)	أنابيب النفط
torre (f) di estrazione	bīr el nafṭ (m)	بير النفط
torre (f) di trivellazione	ḥaffāra (f)	حفّارة
petroliera (f)	nāqelet betrūl (f)	ناقلة بترول
sabbia (f)	raml (m)	رمل
calcare (m)	ḥagar el kals (m)	حجر الكلس
ghiaia (f)	ḥaṣa (m)	حصى
torba (f)	χaθ faḥm nabāty (m)	خث فحم نباتي
argilla (f)	ṭīn (m)	طين
carbone (m)	faḥm (m)	فحم
ferro (m)	ḥadīd (m)	حديد
oro (m)	dahab (m)	ذهب
argento (m)	faḍḍa (f)	فضّة
nichel (m)	nikel (m)	نيكل
rame (m)	neḥās (m)	نحاس
zinco (m)	zink (m)	زنك
manganese (m)	manganīz (m)	منجنيز
mercurio (m)	ze'baq (m)	زئبق
piombo (m)	roṣāṣ (m)	رصاص
minerale (m)	ma'dan (m)	معدن
cristallo (m)	kristāl (m)	كريستال
marmo (m)	roχām (m)	رخام
uranio (m)	yuranuim (m)	يورانيوم

La Terra. Parte 2

172. Tempo

tempo (m)	ṭa's (m)	طقس
previsione (f) del tempo	naʃra gawiya (f)	نشرة جويّة
temperatura (f)	ḥarāra (f)	حرارة
termometro (m)	termometr (m)	ترمومتر
barometro (m)	barometr (m)	بارومتر
umido (agg)	roṭob	رطب
umidità (f)	roṭūba (f)	رطوبة
caldo (m), afa (f)	ḥarāra (f)	حرارة
molto caldo (agg)	ḥarr	حارّ
fa molto caldo	el gaww ḥarr	الجوّ حرّ
fa caldo	el gaww dafa	الجوّ دفا
caldo, mite (agg)	dāfe'	دافئ
fa freddo	el gaww bāred	الجوّ بارد
freddo (agg)	bāred	بارد
sole (m)	ʃams (f)	شمس
splendere (vi)	nawwar	نوّر
di sole (una giornata ~)	moʃmes	مشمس
sorgere, levarsi (vr)	ʃara'	شرق
tramontare (vi)	ɣarab	غرب
nuvola (f)	saḥāba (f)	سحابة
nuvoloso (agg)	meɣayem	مغيّم
nube (f) di pioggia	saḥābet maṭar (f)	سحابة مطر
nuvoloso (agg)	meɣayem	مغيّم
pioggia (f)	maṭar (m)	مطر
piove	el donia betmaṭṭar	الدنيا بتمطّر
piovoso (agg)	momṭer	ممطر
piovigginare (vi)	maṭṭaret razāz	مطّرت رذاذ
pioggia (f) torrenziale	maṭar monhamer (f)	مطر منهمر
acquazzone (m)	maṭar ɣazīr (m)	مطر غزير
forte (una ~ pioggia)	ʃedīd	شديد
pozzanghera (f)	berka (f)	بركة
bagnarsi (~ sotto la pioggia)	ettbal	إتّبل
foschia (f), nebbia (f)	ʃabbūra (f)	شبّورة
nebbioso (agg)	fih ʃabbūra	فيه شبّورة
neve (f)	talg (m)	ثلج
nevica	fih talg	فيه ثلج

173. Rigide condizioni metereologiche. Disastri naturali

temporale (m)	ʿāṣefa raʿdiya (f)	عاصفة رعدية
fulmine (f)	barʾ (m)	برق
lampeggiare (vi)	baraq	برق
tuono (m)	raʿd (m)	رعد
tuonare (vi)	dawa	دوّى
tuona	el samāʾ dawat raʿd (f)	السماء دوّت رعد
grandine (f)	maṭar bard (m)	مطر برد
grandina	maṭṭaret bard	مطّرت برد
inondare (vt)	ɣamar	غمر
inondazione (f)	fayaḍān (m)	فيضان
terremoto (m)	zelzāl (m)	زلزال
scossa (f)	hazza arḍiya (f)	هزّة أرضية
epicentro (m)	markaz el zelzāl (m)	مركز الزلزال
eruzione (f)	sawarān (m)	ثوّران
lava (f)	ḥomam borkāniya (pl)	حمم بركانية
tromba (f), tornado (m)	eʿṣār (m)	إعصار
tifone (m)	tyfūn (m)	طوفان
uragano (m)	eʿṣār (m)	إعصار
tempesta (f)	ʿāṣefa (f)	عاصفة
tsunami (m)	tsunāmy (m)	تسونامي
ciclone (m)	eʿṣār (m)	إعصار
maltempo (m)	ṭaʾs sayeʾ (m)	طقس سيء
incendio (m)	ḥarīʾ (m)	حريق
disastro (m)	karsa (f)	كارثة
meteorite (m)	nayzek (m)	نيّزك
valanga (f)	enheyār talgy (m)	إنهيار ثلجي
slavina (f)	enheyār talgy (m)	إنهيار ثلجي
tempesta (f) di neve	ʿāṣefa talgiya (f)	عاصفة ثلجيّة
bufera (f) di neve	ʿāṣefa talgiya (f)	عاصفة ثلجيّة

Fauna

174. Mammiferi. Predatori

predatore (m)	moftares (m)	مفترس
tigre (f)	nemr (m)	نمر
leone (m)	asad (m)	أسد
lupo (m)	ze'b (m)	ذئب
volpe (m)	ta'lab (m)	ثعلب
giaguaro (m)	nemr amrīky (m)	نمر أمريكي
leopardo (m)	fahd (m)	فهد
ghepardo (m)	fahd ṣayād (m)	فهد صيّاد
pantera (f)	nemr aswad (m)	نمر أسوّد
puma (f)	asad el gebāl (m)	أسد الجبال
leopardo (m) delle nevi	nemr el tolūg (m)	نمر الثلوج
lince (f)	waʃaq (m)	وشق
coyote (m)	qayūṭ (m)	قيوط
sciacallo (m)	ebn 'āwy (m)	ابن آوى
iena (f)	ḍeb' (m)	ضبع

175. Animali selvatici

animale (m)	ḥayawān (m)	حيوان
bestia (f)	waḥʃ (m)	وحش
scoiattolo (m)	sengāb (m)	سنجاب
riccio (m)	qonfoz (m)	قنفذ
lepre (f)	arnab barry (m)	أرنب برّي
coniglio (m)	arnab (m)	أرنب
tasso (m)	ɣarīr (m)	غرير
procione (f)	rakūn (m)	راكون
criceto (m)	hamster (m)	هامستر
marmotta (f)	marmoṭ (m)	مرموط
talpa (f)	χold (m)	خلد
topo (m)	fār (m)	فأر
ratto (m)	gerz (m)	جرذ
pipistrello (m)	χoffāʃ (m)	خفّاش
ermellino (m)	qāqem (m)	قاقم
zibellino (m)	sammūr (m)	سمّور
martora (f)	fara'īāt (m)	فرائيات
donnola (f)	ebn 'ers (m)	ابن عرس
visone (m)	mink (m)	منك

castoro (m)	qondos (m)	قندس
lontra (f)	ta'lab maya (m)	ثعلب الميّة
cavallo (m)	ḥoṣān (m)	حصان
alce (m)	eyl el mūz (m)	أيّل الموظ
cervo (m)	ayl (m)	أيل
cammello (m)	gamal (m)	جمل
bisonte (m) americano	bison (m)	بيسون
bisonte (m) europeo	byson orobby (m)	بيسون أوروبي
bufalo (m)	gamūs (m)	جاموس
zebra (f)	ḥomār waḥʃy (m)	حمار وحشي
antilope (f)	ẓaby (m)	ظبي
capriolo (m)	yaḥmūr orobby (m)	يحمور أوروبي
daino (m)	eyl asmar orobby (m)	أيّل أسمر أوروبي
camoscio (m)	ʃamwah (f)	شامواه
cinghiale (m)	xenzīr barry (m)	خنزير برّي
balena (f)	ḥūt (m)	حوت
foca (f)	foqma (f)	فقمة
tricheco (m)	el kab' (m)	الكبع
otaria (f)	foqmet el farā' (f)	فقمة الفراء
delfino (m)	dolfīn (m)	دولفين
orso (m)	dobb (m)	دبّ
orso (m) bianco	dobb 'oṭṭby (m)	دبّ قطبي
panda (m)	banda (m)	باندا
scimmia (f)	'erd (m)	قرد
scimpanzè (m)	ʃimbanzy (m)	شيمبانزي
orango (m)	orangutan (m)	أورنغوتان
gorilla (m)	ɣorella (f)	غوريلا
macaco (m)	'erd el makāk (m)	قرد المكاك
gibbone (m)	gibbon (m)	جيبون
elefante (m)	fīl (m)	فيل
rinoceronte (m)	xartīt (m)	خرتيت
giraffa (f)	zarāfa (f)	زرافة
ippopotamo (m)	faras el nahr (m)	فرس النهر
canguro (m)	kangarū (m)	كانجّارو
koala (m)	el koala (m)	الكوالا
mangusta (f)	nems (m)	نمس
cincillà (f)	ʃenʃīla (f)	شنشيلة
moffetta (f)	ẓerbān (m)	ظربان
istrice (m)	nīṣ (m)	نيص

176. Animali domestici

gatta (f)	'oṭṭa (f)	قطّة
gatto (m)	'oṭṭ (m)	قطّ
cane (m)	kalb (m)	كلب

cavallo (m)	ḥoṣān (m)	حصان
stallone (m)	χeyl faḥl (m)	خيل فحل
giumenta (f)	faras (f)	فرس
mucca (f)	ba'ara (f)	بقرة
toro (m)	sore (m)	ثور
bue (m)	sore (m)	ثور
pecora (f)	χarūf (f)	خروف
montone (m)	kebʃ (m)	كبش
capra (f)	me'za (f)	معزة
caprone (m)	mā'ez zakar (m)	ماعز ذكر
asino (m)	ḥomār (m)	حمار
mulo (m)	baɣl (m)	بغل
porco (m)	χenzīr (m)	خنزير
porcellino (m)	χannūṣ (m)	خنّوص
coniglio (m)	arnab (m)	أرنب
gallina (f)	farχa (f)	فرخة
gallo (m)	dīk (m)	ديك
anatra (f)	baṭṭa (f)	بطّة
maschio (m) dell'anatra	dakar el baṭṭ (m)	ذكر البط
oca (f)	wezza (f)	وزّة
tacchino (m)	dīk rūmy (m)	ديك رومي
tacchina (f)	dīk rūmy (m)	ديك رومي
animali (m pl) domestici	ḥayawānāt dawāgen (pl)	حيوانات دواجن
addomesticato (agg)	alīf	أليف
addomesticare (vt)	rawweḍ	روّض
allevare (vt)	rabba	ربّى
fattoria (f)	mazra'a (f)	مزرعة
pollame (m)	dawāgen (pl)	دواجن
bestiame (m)	māʃeya (f)	ماشية
branco (m), mandria (f)	qaṭee' (m)	قطيع
scuderia (f)	esṭabl χeyl (m)	إسطبل خيل
porcile (m)	ḥazīret χanazīr (f)	حظيرة الخنازير
stalla (f)	zerībet el ba'ar (f)	زريبة البقر
conigliera (f)	qan el arāneb (m)	قن الأرانب
pollaio (m)	qan el ferāχ (m)	قن الفراخ

177. Cani. Razze canine

cane (m)	kalb (m)	كلب
cane (m) da pastore	kalb rā'y (m)	كلب رعي
pastore (m) tedesco	kalb rā'y almāny (m)	كلب راعي ألمانيّ
barbone (m)	būdle (m)	بودل
bassotto (m)	daʃhund (m)	داشهند
bulldog (m)	bulldog (m)	بولدوج

boxer (m)	bokser (m)	بوكسر
mastino (m)	mastiff (m)	ماستيف
rottweiler (m)	rottfeyler (m)	روت فايلر
dobermann (m)	doberman (m)	دوبرمان
bassotto (m)	basset (m)	باسيت
bobtail (m)	bobtayl (m)	بوبتيل
dalmata (m)	delmāṭy (m)	دلماطي
cocker (m)	kokker spaniel (m)	كوكر سبانييل
terranova (m)	nyu faundland (m)	نيوفاوندلاند
sanbernardo (m)	sant bernard (m)	سانت بيرنارد
husky (m)	hasky (m)	هاسكي
chow chow (m)	tʃaw tʃaw (m)	تشاوتشاو
volpino (m)	esbitz (m)	إسبتز
carlino (m)	bug (m)	بج

178. Versi emessi dagli animali

abbaiamento (m)	nebāḥ (m)	نباح
abbaiare (vi)	nabaḥ	نبح
miagolare (vi)	mawmaw	موّمو
fare le fusa	χarχar	خرخر
muggire (vacca)	χār	خار
muggire (toro)	χār	خار
ringhiare (vi)	damdam	دمدم
ululato (m)	ʿawāʾ (m)	عواء
ululare (vi)	ʿawa	عوى
guaire (vi)	ann	أنّ
belare (pecora)	maʾmaʾ	مأمأ
grugnire (maiale)	qabaʿ	قبع
squittire (vi)	qabaʿ	قبع
gracidare (rana)	naʾʾ	نقّ
ronzare (insetto)	ṭann	طنّ
frinire (vi)	ʿarʿar	عرعر

179. Uccelli

uccello (m)	ṭāʾer (m)	طائر
colombo (m), piccione (m)	ḥamāma (f)	حمامة
passero (m)	ʿaṣfūr dawri (m)	عصفور دوري
cincia (f)	qarqaf (m)	قرقف
gazza (f)	ʿaʾʿaʾ (m)	عقعق
corvo (m)	ɣorāb aswad (m)	غراب أسود
cornacchia (f)	ɣorāb (m)	غراب
taccola (f)	zāɣ zarʿy (m)	زاغ زرعي

corvo (m) nero	ɣorāb el qeyẓ (m)	غراب القيظ
anatra (f)	baṭṭa (f)	بطّة
oca (f)	wezza (f)	وزّة
fagiano (m)	tadarrog (m)	تدرج
aquila (f)	ʿeqāb (m)	عقاب
astore (m)	el bāz (m)	الباز
falco (m)	ṣaʾr (m)	صقر
grifone (m)	nesr (m)	نسر
condor (m)	kondor (m)	كندور
cigno (m)	el temm (m)	التمّ
gru (f)	karkiya (m)	كركية
cicogna (f)	loqloq (m)	لقلق
pappagallo (m)	babaɣāʾ (m)	ببغاء
colibrì (m)	ṭannān (m)	طنّان
pavone (m)	ṭawūs (m)	طاووس
struzzo (m)	naʿāma (f)	نعامة
airone (m)	belʃone (m)	بلشون
fenicottero (m)	flamingo (m)	فلامينجو
pellicano (m)	bagʿa (f)	بجعة
usignolo (m)	ʿandalīb (m)	عندليب
rondine (f)	el sonūnū (m)	السنونو
tordo (m)	somnet el ḥoqūl (m)	سمنة الحقول
tordo (m) sasello	somna moɣarreda (m)	سمنة مغرّدة
merlo (m)	ʃaḥrūr aswad (m)	شحرور أسود
rondone (m)	semmāma (m)	سمّامة
allodola (f)	qabra (f)	قبرة
quaglia (f)	semmān (m)	سمّان
picchio (m)	naʾār el χaʃab (m)	نقار الخشب
cuculo (m)	weqwāq (m)	وقواق
civetta (f)	būma (f)	بومة
gufo (m) reale	būm orāsy (m)	بوم أوراسي
urogallo (m)	dīk el χalang (m)	ديك الخلنج
fagiano (m) di monte	ṭyhūg aswad (m)	طيهوج أسوّد
pernice (f)	el ḥagal (m)	الحجل
storno (m)	zerzūr (m)	زرزور
canarino (m)	kanāry (m)	كناري
francolino (m) di monte	ṭyhūg el bondoʾ (m)	طيهوج البندق
fringuello (m)	ʃarʃūr (m)	شرشور
ciuffolotto (m)	deɣnāʃ (m)	دغناش
gabbiano (m)	nawras (m)	نورس
albatro (m)	el qoṭros (m)	القطرس
pinguino (m)	beṭrīq (m)	بطريق

180. Uccelli. Cinguettio e versi

cantare (vi)	ɣanna	غنّى
gridare (vi)	nāda	نادى
cantare (gallo)	ṣāḥ	صاح
chicchirichì (m)	kokokūko	كوكوكوكو
chiocciare (gallina)	kāky	كاكي
gracchiare (vi)	naʿaq	نعق
fare qua qua	baṭbaṭ	بطبط
pigolare (vi)	ṣawṣaw	صوّصو
cinguettare (vi)	zaʾzaʾ	زقزق

181. Pesci. Animali marini

abramide (f)	abramīs (m)	أبراميس
carpa (f)	ʃabbūṭ (m)	شبّوط
perca (f)	farχ (m)	فرخ
pesce (m) gatto	ʾarmūṭ (m)	قرموط
luccio (m)	karāky (m)	كراكي
salmone (m)	salamon (m)	سلمون
storione (m)	ḥafʃ (m)	حفش
aringa (f)	renga (f)	رنجة
salmone (m)	salamon aṭlasy (m)	سلمون أطلسي
scombro (m)	makerel (m)	ماكريل
sogliola (f)	samak mefalṭah (f)	سمك مفلطح
lucioperca (f)	samak sandar (m)	سمك سندر
merluzzo (m)	el qadd (m)	القد
tonno (m)	tuna (f)	تونة
trota (f)	salamon meraʾʾaṭ (m)	سلمون مرقّط
anguilla (f)	ḥankalīs (m)	حنكليس
torpedine (f)	raʿād (m)	رعاد
murena (f)	moraya (f)	موراي‌ية
piranha (f)	bīrana (f)	بيرانا
squalo (m)	ʾerʃ (m)	قرش
delfino (m)	dolfīn (m)	دولفين
balena (f)	ḥūt (m)	حوت
granchio (m)	kaboria (m)	كابوريا
medusa (f)	ʾandīl el baḥr (m)	قنديل البحر
polpo (m)	aχṭabūṭ (m)	أخطبوط
stella (f) marina	negmet el baḥr (f)	نجمة البحر
riccio (m) di mare	qonfoz el baḥr (m)	قنفذ البحر
cavalluccio (m) marino	ḥoṣān el baḥr (m)	حصان البحر
ostrica (f)	maḥār (m)	محار
gamberetto (m)	gammbary (m)	جمبّري

astice (m)	estakoza (f)	استكوزا
aragosta (f)	estakoza (m)	استاكوزا

182. Anfibi. Rettili

serpente (m)	teʿbān (m)	ثعبان
velenoso (agg)	sām	سام
vipera (f)	afʿa (f)	أفعى
cobra (m)	kobra (m)	كوبرا
pitone (m)	teʿbān byton (m)	ثعبان بايثون
boa (m)	bawāʾ el ʿaṣera (f)	بواء العاصرة
biscia (f)	teʿbān el ʿoʃb (m)	ثعبان العشب
serpente (m) a sonagli	afʿa megalgela (f)	أفعى مجلجلة
anaconda (f)	anakonda (f)	أناكوندا
lucertola (f)	seḥliya (f)	سحليّة
iguana (f)	eɣwana (f)	إغوانة
varano (m)	warl (m)	ورل
salamandra (f)	salamander (m)	سلمندر
camaleonte (m)	ḥerbāya (f)	حرباية
scorpione (m)	ʿaʾrab (m)	عقرب
tartaruga (f)	solḥefah (f)	سلحفاة
rana (f)	ḍeffḍaʿ (m)	ضفدع
rospo (m)	ḍeffḍaʿ el ṭeyn (m)	ضفدع الطين
coccodrillo (m)	temsāḥ (m)	تمساح

183. Insetti

insetto (m)	ḥaʃara (f)	حشرة
farfalla (f)	farāʃa (f)	فراشة
formica (f)	namla (f)	نملة
mosca (f)	debbāna (f)	دبّانة
zanzara (f)	namūsa (f)	ناموسة
scarabeo (m)	χonfesa (f)	خنفسة
vespa (f)	dabbūr (m)	دبّور
ape (f)	naḥla (f)	نحلة
bombo (m)	naḥla ṭannāna (f)	نحلة طنّانة
tafano (m)	naʿra (f)	نعرة
ragno (m)	ʿankabūt (m)	عنكبوت
ragnatela (f)	nasīg ʿankabūt (m)	نسيج عنكبوت
libellula (f)	yaʿsūb (m)	يعسوب
cavalletta (f)	garād (m)	جراد
farfalla (f) notturna	ʿetta (f)	عثّة
scarafaggio (m)	ṣarṣūr (m)	صرصور
zecca (f)	qarāda (f)	قرادة

pulce (f)	barɣūt (m)	برغوث
moscerino (m)	ba'ūḍa (f)	بعوضة
locusta (f)	garād (m)	جراد
lumaca (f)	ḥalazōn (m)	حلزون
grillo (m)	ṣarṣūr el ḥaql (m)	صرصور الحقل
lucciola (f)	yarā'a (f)	يراعة
coccinella (f)	χonfesa mena'ṭṭa (f)	خنفسة منقّطة
maggiolino (m)	χonfesa motlefa lel nabāt (f)	خنفسة متلفة للنبات
sanguisuga (f)	'alaqa (f)	علقة
bruco (m)	yasrū' (m)	يسروع
verme (m)	dūda (f)	دودة
larva (f)	yaraqa (f)	يرقة

184. Animali. Parti del corpo

becco (m)	monqār (m)	منقار
ali (f pl)	agneḥa (pl)	أجنحة
zampa (f)	regl (f)	رجل
piumaggio (m)	rīʃ (m)	ريش
penna (f), piuma (f)	rīʃa (f)	ريشة
cresta (f)	'orf el dīk (m)	عرف الديك
branchia (f)	χāyaʃīm (pl)	خياشيم
uova (f pl)	beyḍ el samak (pl)	بيض السمك
larva (f)	yaraqa (f)	يرقة
pinna (f)	za'nafa (f)	زعنفة
squama (f)	ḥarāfeʃ (pl)	حرافش
zanna (f)	nāb (m)	ناب
zampa (f)	yad (f)	يد
muso (m)	χaṭm (m)	خطم
bocca (f)	bo' (m)	بوء
coda (f)	deyl (m)	ذيل
baffi (m pl)	ʃawāreb (pl)	شوارب
zoccolo (m)	ḥāfer (m)	حافر
corno (m)	'arn (m)	قرن
carapace (f)	der' (m)	درع
conchiglia (f)	maḥāra (f)	محارة
guscio (m) dell'uovo	'eʃret beyḍa (f)	قشرة بيضة
pelo (m)	ʃa'r (m)	شعر
pelle (f)	geld (m)	جلد

185. Animali. Ambiente naturale

ambiente (m) naturale	mawṭen (m)	موّطن
migrazione (f)	hegra (f)	هجرة
monte (m), montagna (f)	gabal (m)	جبل

scogliera (f)	ʃo'āb (pl)	شعاب
falesia (f)	garf (m)	جرف
foresta (f)	ɣāba (f)	غابة
giungla (f)	adɣāl (pl)	أدغال
savana (f)	savanna (f)	سافانّا
tundra (f)	tundra (f)	تندرا
steppa (f)	barāry (pl)	براري
deserto (m)	ṣaḥra' (f)	صحراء
oasi (f)	wāḥa (f)	واحة
mare (m)	baḥr (m)	بحر
lago (m)	boḥeyra (f)	بحيرة
oceano (m)	moḥīṭ (m)	محيط
palude (f)	mostanqa' (m)	مستنقع
di acqua dolce	maya 'azba	ميّة عذبة
stagno (m)	berka (f)	بركة
fiume (m)	nahr (m)	نهر
tana (f) (dell'orso)	wekr (m)	وكر
nido (m)	'eʃ (m)	عشّ
cavità (f) (~ in un albero)	gofe (m)	جوف
tana (f) (del fox, ecc.)	goḥr (m)	جحر
formicaio (m)	'eʃ naml (m)	عش نمل

Flora

186. Alberi

albero (m)	ʃagara (f)	شجرة
deciduo (agg)	nafḍiya	نفضيّة
conifero (agg)	ṣonoberiya	صنوبرية
sempreverde (agg)	dā'emet el χoḍra	دائمة الخضرة
melo (m)	ʃagaret toffāḥ (f)	شجرة تفّاح
pero (m)	ʃagaret komettra (f)	شجرة كمثّرى
ciliegio (m), amareno (m)	ʃagaret karaz (f)	شجرة كرز
prugno (m)	ʃagaret bar'ū' (f)	شجرة برقوق
betulla (f)	batola (f)	بتولا
quercia (f)	ballūṭ (f)	بلّوط
tiglio (m)	zayzafūn (f)	زيزفون
pioppo (m) tremolo	ḥūr rāgef	حور راجف
acero (m)	qayqab (f)	قيقب
abete (m)	rateng (f)	راتينج
pino (m)	ṣonober (f)	صنوبر
larice (m)	arziya (f)	أرزية
abete (m) bianco	tanūb (f)	تنوب
cedro (m)	el orz (f)	الأرز
pioppo (m)	ḥūr (f)	حور
sorbo (m)	ɣobayrā' (f)	غبيراء
salice (m)	ṣefsāf (f)	صفصاف
alno (m)	gār el mā' (m)	جار الماء
faggio (m)	el zān (f)	الزان
olmo (m)	derdar (f)	دردار
frassino (m)	marān (f)	مران
castagno (m)	kastanā' (f)	كستناء
magnolia (f)	maɣnolia (f)	ماغنوليا
palma (f)	naχla (f)	نخلة
cipresso (m)	el soro (f)	السرو
mangrovia (f)	mangrūf (f)	مانجروف
baobab (m)	baobab (f)	باوباب
eucalipto (m)	eukalyptus (f)	أوكالبتوس
sequoia (f)	sequoia (f)	سيكويا

187. Arbusti

cespuglio (m)	ʃogeyra (f)	شجيرة
arbusto (m)	ʃogayrāt (pl)	شجيرات

vite (f)	karma (f)	كرمة
vigneto (m)	karam (m)	كرم
lampone (m)	zar'et tūt el 'alī' el aḥmar (f)	زرعة توت العليق الأحمر
ribes (m) rosso	keʃmeʃ aḥmar (m)	كشمش أحمر
uva (f) spina	'enab el sa'lab (m)	عنب الثعلب
acacia (f)	aqaqia (f)	أقاقيا
crespino (m)	berbarīs (m)	برباريس
gelsomino (m)	yasmīn (m)	ياسمين
ginepro (m)	'ar'ar (m)	عرعر
roseto (m)	ʃogeyret ward (f)	شجيرة ورد
rosa (f) canina	ward el seyāg (pl)	ورد السياج

188. Funghi

fungo (m)	feṭr (f)	فطر
fungo (m) commestibile	feṭr ṣāleḥ lel akl (m)	فطر صالح للأكل
fungo (m) velenoso	feṭr sām (m)	فطر سام
cappello (m)	ṭarbūʃ el feṭr (m)	طربوش الفطر
gambo (m)	sāq el feṭr (m)	ساق الفطر
porcino (m)	feṭr boleṭe ma'kūl (m)	فطر بوليط مأكول
boleto (m) rufo	feṭr aḥmar (m)	فطر أحمر
porcinello (m)	feṭr boleṭe (m)	فطر بوليط
gallinaccio (m)	feṭr el ʃanterel (m)	فطر الشانتريل
rossola (f)	feṭr russula (m)	فطر روسولا
spugnola (f)	feṭr el ɣoʃna (m)	فطر الغوشنة
ovolaccio (m)	feṭr amanīt el ṭā'er (m)	فطر أمانيت الطائر
fungo (m) moscario	feṭr amanīt falusyāny el sām (m)	فطر أمانيت فالوسياني السام

189. Frutti. Bacche

frutto (m)	tamra (f)	تمرة
frutti (m pl)	tamr (m)	تمر
mela (f)	toffāḥa (f)	تفّاحة
pera (f)	komettra (f)	كمّثرى
prugna (f)	bar'ū' (m)	برقوق
fragola (f)	farawla (f)	فراولة
amarena (f), ciliegia (f)	karaz (m)	كرز
uva (f)	'enab (m)	عنب
lampone (m)	tūt el 'alī' el aḥmar (m)	توت العليق الأحمر
ribes (m) nero	keʃmeʃ aswad (m)	كشمش أسود
ribes (m) rosso	keʃmeʃ aḥmar (m)	كشمش أحمر
uva (f) spina	'enab el sa'lab (m)	عنب الثعلب
mirtillo (m) di palude	'enabiya ḥāda el χebā' (m)	عنبية حادة الخباء
arancia (f)	bortoqāl (m)	برتقال

mandarino (m)	yosfy (m)	يوسفي
ananas (m)	ananās (m)	أناناس
banana (f)	moze (m)	موز
dattero (m)	tamr (m)	تمر
limone (m)	lymūn (m)	ليمون
albicocca (f)	meʃmeʃ (f)	مشمش
pesca (f)	χawχa (f)	خوخة
kiwi (m)	kiwi (m)	كيوي
pompelmo (m)	grabe frūt (m)	جريب فروت
bacca (f)	tūt (m)	توت
bacche (f pl)	tūt (pl)	توت
mirtillo (m) rosso	ʿenab el sore (m)	عنب الثور
fragola (f) di bosco	farawla barriya (f)	فراولة بريّة
mirtillo (m)	ʿenab al aḥrāg (m)	عنب الأحراج

190. Fiori. Piante

fiore (m)	zahra (f)	زهرة
mazzo (m) di fiori	bokeyh (f)	بوكيه
rosa (f)	warda (f)	وردة
tulipano (m)	tolīb (f)	توليب
garofano (m)	ʾoronfol (m)	قرنفل
gladiolo (m)	el dalbūs (f)	الدَلَبُوث
fiordaliso (m)	qanṭeryūn ʿanbary (m)	قنطريون عنبري
campanella (f)	garīs mostadīr el awrāʾ (m)	جريس مستدير الأوراق
soffione (m)	handabāʾ (f)	هندباء
camomilla (f)	kamomile (f)	كاموميل
aloe (m)	el alowa (m)	الألوّة
cactus (m)	ṣabbār (m)	صبّار
ficus (m)	faykas (m)	فيكس
giglio (m)	zanbaq (f)	زنبق
geranio (m)	γarnūqy (f)	غرنوقي
giacinto (m)	el lavender (f)	اللافندر
mimosa (f)	mimoza (f)	ميموزا
narciso (m)	nerges (f)	نرجس
nasturzio (m)	abo χangar (f)	أبو خنجر
orchidea (f)	orkid (f)	أوركيد
peonia (f)	fawnia (f)	فاوانيا
viola (f)	el banafseg (f)	البنفسج
viola (f) del pensiero	bansy (f)	بانسي
nontiscordardimé (m)	ʾāzān el faʾr (pl)	آذان الفأر
margherita (f)	aqwaḥān (f)	أقحوان
papavero (m)	el χoʃχāʃ (f)	الخشخاش
canapa (f)	qanb (m)	قنب

menta (f)	ne'nā' (m)	نعناع
mughetto (m)	zanbaq el wādy (f)	زنبق الوادي
bucaneve (m)	zahrat el laban (f)	زهرة اللبن
ortica (f)	'arrāṣ (m)	قرّاص
acetosa (f)	ḥammāḍ bostāny (m)	حمّاض بستاني
ninfea (f)	niloferiya (f)	نيلوفرية
felce (f)	sarχas (m)	سرخس
lichene (m)	aʃna (f)	أشنة
serra (f)	ṣoba (f)	صوبة
prato (m) erboso	'oʃb aχḍar (m)	عشب أخضر
aiuola (f)	geneynet zohūr (f)	جنينة زهور
pianta (f)	nabāt (m)	نبات
erba (f)	'oʃb (m)	عشب
filo (m) d'erba	'oʃba (f)	عشبة
foglia (f)	wara'a (f)	ورقة
petalo (m)	wara'et el zahra (f)	ورقة الزهرة
stelo (m)	sāq (f)	ساق
tubero (m)	darna (f)	درنة
germoglio (m)	nabta saɣīra (f)	نبتة صغيرة
spina (f)	ʃawka (f)	شوكة
fiorire (vi)	fattaḥet	فتّحت
appassire (vi)	debel	ذبل
odore (m), profumo (m)	rīḥa (f)	ريحة
tagliare (~ i fiori)	'aṭa'	قطع
cogliere (vt)	'ataf	قطف

191. Cereali, granaglie

grano (m)	ḥobūb (pl)	حبوب
cereali (m pl)	maḥaṣīl el ḥubūb (pl)	محاصيل الحبوب
spiga (f)	sonbola (f)	سنبلة
frumento (m)	'amḥ (m)	قمح
segale (f)	ʃelm mazrū' (m)	شيلم مزروع
avena (f)	ʃofān (m)	شوفان
miglio (m)	el deχn (m)	الدُخن
orzo (m)	ʃe'īr (m)	شعير
mais (m)	dora (f)	ذرة
riso (m)	rozz (m)	رز
grano (m) saraceno	ḥanṭa soda' (f)	حنطة سوداء
pisello (m)	besella (f)	بسلّة
fagiolo (m)	faṣolya (f)	فاصوليا
soia (f)	fūl el ṣoya (m)	فول الصويا
lenticchie (f pl)	'ads (m)	عدس
fave (f pl)	fūl (m)	فول

GEOGRAFIA REGIONALE

Paesi. Nazionalità

192. Politica. Governo. Parte 1

politica (f)	seyāsa (f)	سياسة
politico (agg)	seyāsy	سياسي
politico (m)	seyāsy (m)	سياسي
stato (m) (nazione, paese)	dawla (f)	دولة
cittadino (m)	mowāṭen (m)	مواطن
cittadinanza (f)	mewaṭna (f)	مواطنة
emblema (m) nazionale	ʃe'ār waṭany (m)	شعار وطني
inno (m) nazionale	naʃīd waṭany (m)	نشيد وطني
governo (m)	ḥokūma (f)	حكومة
capo (m) di Stato	ra's el dawla (m)	رأس الدولة
parlamento (m)	barlamān (m)	برلمان
partito (m)	ḥezb (m)	حزب
capitalismo (m)	ra'smaliya (f)	رأسمالية
capitalistico (agg)	ra'smāly	رأسمالي
socialismo (m)	eʃterakiya (f)	إشتراكيّة
socialista (agg)	eʃterāky	إشتراكي
comunismo (m)	ʃeyū'iya (f)	شيوعيّة
comunista (agg)	ʃeyū'y	شيوعي
comunista (m)	ʃeyū'y (m)	شيوعي
democrazia (f)	dīmoqraṭiya (f)	ديموقراطيّة
democratico (m)	demoqrāṭy (m)	ديموقراطي
democratico (agg)	demoqrāṭy	ديموقراطي
partito (m) democratico	el ḥezb el demokrāṭy (m)	الحزب الديموقراطي
liberale (m)	librāly (m)	ليبيرالي
liberale (agg)	librāly	ليبيرالي
conservatore (m)	moḥāfeẓ (m)	محافظ
conservatore (agg)	moḥāfeẓ	محافظ
repubblica (f)	gomhoriya (f)	جمهورية
repubblicano (m)	gomhūry (m)	جمهوري
partito (m) repubblicano	el ḥezb el gomhūry (m)	الحزب الجمهوري
elezioni (f pl)	entaχabāt (pl)	إنتخابات
eleggere (vt)	entaχab	إنتخب
elettore (m)	nāχeb (m)	ناخب

campagna (f) elettorale	ḥamla enteχabiya (f)	حملة إنتخابيّة
votazione (f)	taṣwīt (m)	تصويت
votare (vi)	ṣawwat	صوّت
diritto (m) di voto	ḥa' el enteχāb (m)	حق الإنتخاب
candidato (m)	morasʃaḥ (m)	مرشّح
candidarsi (vr)	rasʃaḥ nafsoh	رشّح نفسه
campagna (f)	ḥamla (f)	حملة
d'opposizione (agg)	mo'āreḍ	معارض
opposizione (f)	mo'arḍa (f)	معارضة
visita (f)	zeyāra (f)	زيارة
visita (f) ufficiale	zeyāra rasmiya (f)	زيارة رسميّة
internazionale (agg)	dawly	دوّلي
trattative (f pl)	mofawḍāt (pl)	مفاوضات
negoziare (vi)	tafāwaḍ	تفاوض

193. Politica. Governo. Parte 2

società (f)	mogtama' (m)	مجتمع
costituzione (f)	dostūr (m)	دستور
potere (m) (~ politico)	solṭa (f)	سلطة
corruzione (f)	fasād (m)	فساد
legge (f)	qanūn (m)	قانون
legittimo (agg)	qanūny	قانوني
giustizia (f)	'adāla (f)	عدالة
giusto (imparziale)	'ādel	عادل
comitato (m)	lagna (f)	لجنة
disegno (m) di legge	maʃrū' qanūn (m)	مشروع قانون
bilancio (m)	mowazna (f)	موازنة
politica (f)	seyāsa (f)	سياسة
riforma (f)	eṣlāḥ (m)	إصلاح
radicale (agg)	oṣūly	أصولي
forza (f) (potenza)	'owwa (f)	قوّة
potente (agg)	'awy	قوّي
sostenitore (m)	mo'ayed (m)	مؤيد
influenza (f)	ta'sīr (m)	تأثير
regime (m) (~ militare)	nezām ḥokm (m)	نظام حكم
conflitto (m)	χelāf (m)	خلاف
complotto (m)	mo'amra (f)	مؤامرة
provocazione (f)	estefzāz (m)	إستفزاز
rovesciare (~ un regime)	asqaṭ	أسقط
rovesciamento (m)	esqāṭ (m)	إسقاط
rivoluzione (f)	sawra (f)	ثوّرة
colpo (m) di Stato	enqelāb (m)	إنقلاب
golpe (m) militare	enqelāb 'askary (m)	إنقلاب عسكري

crisi (f)	azma (f)	أزمة
recessione (f) economica	rokūd eqteṣādy (m)	ركود إقتصادي
manifestante (m)	motaẓāher (m)	متظاهر
manifestazione (f)	mozahra (f)	مظاهرة
legge (f) marziale	ḥokm ʿorfy (m)	حكم عرفي
base (f) militare	qaʿeda ʿaskariya (f)	قاعدة عسكريّة
stabilità (f)	esteqrār (m)	إستقرار
stabile (agg)	mostaqerr	مستقرّ
sfruttamento (m)	esteɣlāl (m)	إستغلال
sfruttare (~ i lavoratori)	estaɣall	إستغلّ
razzismo (m)	ʿonṣoriya (f)	عنصريّة
razzista (m)	ʿonṣory (m)	عنصري
fascismo (m)	faʃiya (f)	فاشيّة
fascista (m)	fāʃy (m)	فاشي

194. Paesi. Varie

straniero (m)	agnaby (m)	أجنبي
straniero (agg)	agnaby	أجنبي
all'estero	fel χāreg	في الخارج
emigrato (m)	mohāger (m)	مهاجر
emigrazione (f)	hegra (f)	هجرة
emigrare (vi)	hāgar	هاجر
Ovest (m)	el ɣarb (m)	الغرب
Est (m)	el ʃarʾ (m)	الشرق
Estremo Oriente (m)	el ʃarʾ el aqṣa (m)	الشرق الأقصى
civiltà (f)	ḥaḍāra (f)	حضارة
umanità (f)	el baʃariya (f)	البشريّة
mondo (m)	el ʿālam (m)	العالم
pace (f)	salām (m)	سلام
mondiale (agg)	ʿālamy	عالمي
patria (f)	waṭan (m)	وطن
popolo (m)	ʃaʿb (m)	شعب
popolazione (f)	sokkān (pl)	سكّان
gente (f)	nās (pl)	ناس
nazione (f)	omma (f)	أمّة
generazione (f)	gīl (m)	جيل
territorio (m)	arḍ (f)	أرض
regione (f)	manteʾa (f)	منطقة
stato (m)	welāya (f)	ولاية
tradizione (f)	taʾlīd (m)	تقليد
costume (m)	ʿāda (f)	عادة
ecologia (f)	ʿelm el bīʾa (m)	علم البيئة
indiano (m)	hendy aḥmar (m)	هندي أحمر
zingaro (m)	ɣagary (m)	غجري

zingara (f)	ɣagariya (f)	غجريّة
di zingaro	ɣagary	غجري
impero (m)	embraṭoriya (f)	إمبراطورية
colonia (f)	mosta'mara (f)	مستعمرة
schiavitù (f)	'obūdiya (f)	عبودية
invasione (f)	ɣazw (m)	غزو
carestia (f)	magā'a (f)	مجاعة

195. Principali gruppi religiosi. Credi religiosi

religione (f)	dīn (m)	دين
religioso (agg)	dīny	ديني
fede (f)	emān (m)	إيمان
credere (vi)	aman	أمن
credente (m)	mo'men (m)	مؤمن
ateismo (m)	el elḥād (m)	الإلحاد
ateo (m)	molḥed (m)	ملحد
cristianesimo (m)	el masīḥiya (f)	المسيحيّة
cristiano (m)	mesīḥy (m)	مسيحي
cristiano (agg)	mesīḥy	مسيحي
cattolicesimo (m)	el kasolekiya (f)	الكاثوليكيّة
cattolico (m)	kasolīky (m)	كاثوليكي
cattolico (agg)	kasolīky	كاثوليكي
Protestantesimo (m)	brotestantiya (f)	بروتستاللية
Chiesa (f) protestante	el kenīsa el brotestantiya (f)	الكنيسة البروتستانتية
protestante (m)	brotestanty (m)	بروتستانتي
Ortodossia (f)	orsozeksiya (f)	الأرثوذكسيّة
Chiesa (f) ortodossa	el kenīsa el orsozeksiya (f)	الكنيسة الأرثوذكسيّة
ortodosso (m)	arsazoksy (m)	أرثوذكسي
Presbiterianesimo (m)	maʃīχiya (f)	مشيخية
Chiesa (f) presbiteriana	el kenīsa el maʃīχiya (f)	الكنيسة المشيخية
presbiteriano (m)	maʃīχiya (f)	مشيخية
Luteranesimo (m)	el luseriya (f)	اللوثرية
luterano (m)	luterriya (m)	لوثرية
confessione (f) battista	el kenīsa el me'medaniya (f)	الكنيسة المعمدانية
battista (m)	me'medāny (m)	معمداني
Chiesa (f) anglicana	el kenīsa el anʒlekaniya (f)	الكنيسة الإنجليكانية
anglicano (m)	enʒelikāny (m)	أنجليكاني
mormonismo (m)	el moromoniya (f)	المورمونية
mormone (m)	mesīḥy mormōn (m)	مسيحي مرمون
giudaismo (m)	el yahūdiya (f)	اليهودية
ebreo (m)	yahūdy (m)	يهودي

buddismo (m)	el būziya (f)	البوذية
buddista (m)	būzy (m)	بوذي
Induismo (m)	el hindūsiya (f)	الهندوسية
induista (m)	hendūsy (m)	هندوسي
Islam (m)	el islām (m)	الإسلام
musulmano (m)	muslim (m)	مسلم
musulmano (agg)	islāmy	إسلامي
sciismo (m)	el mazhab el ʃee'y (m)	المذهب الشيعي
sciita (m)	ʃee'y (m)	شيعي
sunnismo (m)	el mazhab el sunny (m)	المذهب السنّي
sunnita (m)	sunni (m)	سنّي

196. Religioni. Sacerdoti

prete (m)	kāhen (m)	كاهن
Papa (m)	el bāba (m)	البابا
monaco (m)	rāheb (m)	راهب
monaca (f)	rāheba (f)	راهبة
pastore (m)	'essīs (m)	قسّيس
abate (m)	ra'īs el deyr (m)	رئيس الدير
vicario (m)	viqār (m)	فيقار
vescovo (m)	asqof (m)	أسقف
cardinale (m)	kardinal (m)	كاردينال
predicatore (m)	mobasʃer (m)	مبشّر
predica (f)	tabʃīr (f)	تبشير
parrocchiani (m)	ra'yet el abraʃiya (f)	رعية الأبرشية
credente (m)	mo'men (m)	مؤمن
ateo (m)	molḥed (m)	ملحد

197. Fede. Cristianesimo. Islam

Adamo	'ādam (m)	آدم
Eva	ḥawwā' (f)	حوّاء
Dio (m)	allah (m)	الله
Signore (m)	el rabb (m)	الربّ
Onnipotente (m)	el qadīr (m)	القدير
peccato (m)	zanb (m)	ذنب
peccare (vi)	aznab	أذنب
peccatore (m)	mozneb (m)	مذنب
peccatrice (f)	mozneba (f)	مذنبة
inferno (m)	el gaḥīm (f)	الجحيم
paradiso (m)	el ganna (f)	الجنّة

Gesù	yasū' (m)	يسوع
Gesù Cristo	yasū' el masīḥ (m)	يسوع المسيح
Spirito (m) Santo	el rūḥ el qods (m)	الروح القدس
Salvatore (m)	el masīḥ (m)	المسيح
Madonna	maryem el 'azrā' (f)	مريم العذراء
Diavolo (m)	el ʃayṭān (m)	الشيطان
del diavolo	ʃeyṭāny	شيطاني
Satana (m)	el ʃayṭān (m)	الشيطان
satanico (agg)	ʃeyṭāny	شيطاني
angelo (m)	malāk (m)	ملاك
angelo (m) custode	malāk ḥāres (m)	ملاك حارس
angelico (agg)	malā'eky	ملائكي
apostolo (m)	rasūl (m)	رسول
arcangelo (m)	el malāk el ra'īsy (m)	الملاك الرئيسي
Anticristo (m)	el masīḥ el daggāl (m)	المسيح الدجّال
Chiesa (f)	el kenīsa (f)	الكنيسة
Bibbia (f)	el ketāb el moqaddas (m)	الكتاب المقدّس
biblico (agg)	tawrāty	توراتي
Vecchio Testamento (m)	el 'aḥd el 'adīm (m)	العهد القديم
Nuovo Testamento (m)	el 'aḥd el gedīd (m)	العهد الجديد
Vangelo (m)	engīl (m)	إنجيل
Sacra Scrittura (f)	el ketāb el moqaddas (m)	الكتاب المقدّس
Il Regno dei Cieli	el ganna (f)	الجنّة
comandamento (m)	waṣiya (f)	وصيّة
profeta (m)	naby (m)	نبي
profezia (f)	nobū'a (f)	نبوءة
Allah	allah (m)	الله
Maometto	moḥammed (m)	محمّد
Corano (m)	el qor'ān (m)	القرآن
moschea (f)	masged (m)	مسجد
mullah (m)	mullah (m)	ملا
preghiera (f)	ṣalāh (f)	صلاة
pregare (vi, vt)	ṣalla	صلّى
pellegrinaggio (m)	ḥagg (m)	حج
pellegrino (m)	ḥagg (m)	حاج
La Mecca (f)	makka el mokarrama (f)	مكة المكرّمة
chiesa (f)	kenīsa (f)	كنيسة
tempio (m)	ma'bad (m)	معبد
cattedrale (f)	katedra'iya (f)	كاتدرائية
gotico (agg)	qūṭy	قوطي
sinagoga (f)	kenīs (m)	كنيس
moschea (f)	masged (m)	مسجد
cappella (f)	kenīsa saɣīra (f)	كنيسة صغيرة
abbazia (f)	deyr (m)	دير

convento (m) di suore	deyr (m)	دير
monastero (m)	deyr (m)	دير
campana (f)	garas (m)	جرس
campanile (m)	borg el garas (m)	برج الجرس
suonare (campane)	da''	دق
croce (f)	ṣalīb (m)	صليب
cupola (f)	'obba (f)	قبّة
icona (f)	ramz (m)	رمز
anima (f)	nafs (f)	نفس
destino (m), sorte (f)	maṣīr (m)	مصير
male (m)	ʃarr (m)	شرّ
bene (m)	χeyr (m)	خير
vampiro (m)	maṣṣāṣ demā' (m)	مصّاص دماء
strega (f)	sāḥera (f)	ساحرة
demone (m)	ʃeṭān (m)	شيطان
spirito (m)	roḥe (m)	روح
redenzione (f)	takfīr (m)	تكفير
redimere (vt)	kaffar 'an	كفّر عن
messa (f)	qedās (m)	قداس
dire la messa	'ām be χedma dīniya	قام بخدمة دينية
confessione (f)	e'terāf (m)	إعتراف
confessarsi (vr)	e'taraf	إعترف
santo (m)	qeddīs (m)	قدّيس
sacro (agg)	moqaddas (m)	مقدّس
acqua (f) santa	maya moqaddesa (f)	ماية مقدّسة
rito (m)	ʃa'ā'er (pl)	شعائر
rituale (agg)	ʃa'ā'ery	شعائري
sacrificio (m) (offerta)	zabīḥa (f)	ذبيحة
superstizione (f)	χorāfa (f)	خرافة
superstizioso (agg)	mo'men bel χorafāt (m)	مؤمن بالخرافات
vita (f) dell'oltretomba	aχra (f)	الآخرة
vita (f) eterna	ḥayat el abadiya (f)	حياة الأبدية

VARIE

198. Varie parole utili

aiuto (m)	mosa'da (f)	مساعدة
barriera (f) (ostacolo)	ḥāgez (m)	حاجز
base (f)	asās (m)	أساس
bilancio (m) (equilibrio)	tawāzon (m)	توازن
categoria (f)	fe'a (f)	فئة
causa (f) (ragione)	sabab (m)	سبب
coincidenza (f)	ṣodfa (f)	صدّفة
comodo (agg)	morīḥ	مريح
compenso (m)	ta'wīḍ (m)	تعويض
confronto (m)	moqarna (f)	مقارنة
cosa (f) (oggetto, articolo)	ḥāga (f)	حاجة
crescita (f)	nomoww (m)	نموّ
differenza (f)	far' (m)	فرق
effetto (m)	ta'sīr (m)	تأثير
elemento (m)	'onṣor (m)	عنصر
errore (m)	xaṭa' (m)	خطأ
esempio (m)	mesāl (m)	مثال
fatto (m)	ha'ī'a (f)	حقيقة
forma (f) (aspetto)	ʃakl (m)	شكل
frequente (agg)	motakarrer (m)	متكرّر
genere (m) (tipo, sorta)	nū' (m)	نوع
grado (m) (livello)	daraga (f)	درجة
ideale (m)	mesāl (m)	مثال
inizio (m)	bedāya (f)	بداية
labirinto (m)	matāha (f)	متاهة
modo (m) (maniera)	ṭarī'a (f)	طريقة
momento (m)	laḥza (f)	لحظة
oggetto (m) (cosa)	mawḍū' (m)	موضوع
originale (m) (non è una copia)	aṣl (m)	أصل
ostacolo (m)	'aqaba (f)	عقبة
parte (f) (~ di qc)	goz' (m)	جزء
particella (f)	goz' (m)	جزء
pausa (f)	estrāḥa (f)	إستراحة
pausa (f) (sosta)	estrāḥa (f)	إستراحة
posizione (f)	mawqef (m)	موقّف
principio (m)	mabda' (m)	مبدأ
problema (m)	moʃkela (f)	مشكلة
processo (m)	'amaliya (f)	عمليّة
progresso (m)	ta'addom (m)	تقدّم

proprietà (f) (qualità)	xaṣṣa (f)	خاصّة
reazione (f)	radd fe'l (m)	ردّ فعل
rischio (m)	moxatra (f)	مخاطرة
ritmo (m)	eqā' (m)	إيقاع
scelta (f)	exteyār (m)	إختيار
segreto (m)	serr (m)	سرّ
serie (f)	selsela (f)	سلسلة
sfondo (m)	xalefiya (f)	خلفية
sforzo (m) (fatica)	mag-hūd (m)	مجهود
sistema (m)	nezām (m)	نظام
situazione (f)	ḥāla (f), waḍ' (m)	حالة, وضع
soluzione (f)	ḥall (m)	حلّ
standard (agg)	'ādy -qeyāsy	عادي, قياسي
standard (m)	'eyās (m)	قياس
stile (m)	oslūb (m)	أسلوب
sviluppo (m)	tanmeya (f)	تنمية
tabella (f) (delle calorie, ecc.)	gadwal (m)	جدوّل
termine (m)	nehāya (f)	نهاية
termine (m) (parola)	moṣṭalaḥ (m)	مصطلح
tipo (m)	nū' (m)	نوع
turno (m) (aspettare il proprio ~)	dore (m)	دور
urgente (agg)	mesta'gel	مستعجل
urgentemente	be ʃakl 'āgel	بشكل عاجل
utilità (f)	manf'a (f)	منفعة
variante (f)	ʃakl moxtalef (m)	شكل مختلف
verità (f)	ḥa'ī'a (f)	حقيقة
zona (f)	mante'a (f)	منطقة

www.ingramcontent.com/pod-product-compliance
Lightning Source LLC
LaVergne TN
LVHW051341080426
835509LV00020BA/3231
9781787167476